Das indische Papageienbuch

Das indische Papageienbuch

Śukasaptati

Aus dem Sanskrit übertragen
von Richard Schmidt

marixverlag

FSC
www.fsc.org
MIX
Papier aus verantwortungsvollen Quellen
FSC® C006701

Bibliografische Information der Deutschen Nationalbibliothek
Die Deutsche Nationalbibliothek verzeichnet diese Publikation in der Deutschen Nationalbibliografie; detaillierte bibliografische Daten sind im Internet über http://dnb.d-nb.de abrufbar.

Der Text wurde behutsam revidiert nach der Ausgabe Stuttgart 1899.
Bildnachweis: Pfau. Indische Miniatur, 18. Jh. © Roland & Sabrina Michaud / akg-images
Covergestaltung: Network! Werbeagentur, München
Satz und Bearbeitung: SATZstudio Josef Pieper, Bedburg-Hau
Der Titel wurde in der Minion Pro gesetzt.
Gesamtherstellung: CPI books GmbH, Leck – Germany

ISBN: 978-3-7374-0968-1

www.verlagshaus-roemerweg.de

»Wer in unserem Herzen wohnt, der ist nahe,
ob er gleich in der Ferne weilt;
wer aber nicht in unserem Herzen wohnt,
der ist, selbst nahe fern.«

Vorwort des Übersetzers

Die vorliegende deutsche Übersetzung des textus ornatior der Śukasaptati übergebe ich nicht ohne große Bedenken der Öffentlichkeit. War es schon ein kleines Wagnis, den Torso von Text drucken zu lassen, so ist es naturgemäß schon mehr als kühn, dazu auch noch die Übersetzung zu veröffentlichen, zumal da es sich hierbei selbstverständlich in erster Linie darum handeln musste, etwas wirklich Lesbares zu schaffen. Soll doch die Übersetzung hauptsächlich den Bedürfnissen der Folkloristen und im weiteren Sinne allen Freunden der Märchenkunde überhaupt genügen und sich nicht ausschließlich an den engen Kreis der Sanskritisten wenden! So blieb mir denn bei der Übertragung nichts weiter übrig, als die nicht seltenen Fälle, in denen die Kunst des Übersetzers versagte, durch Punkte, Fragezeichen oder Anmerkungen anzudeuten; daneben aber sind noch viele Stellen zu verzeichnen, deren Übersetzung nicht sowohl zweifellos sicher, als vielmehr bloß geramscht genannt werden muss. Dem gegenüber glaube ich aber zur Beruhigung des Lesers und zu meinem eigenen Troste mit gutem Rechte versichern zu können, dass meine Übersetzung da, wo sie sich auf den festen Grund gesicherter Textstellen stützt, ganz zuverlässig ist. Sie ersetzt also dem des Sanskrit Unkundigen den Text vollständig und kann unbedenklich zu etwaigen Untersuchungen auf dem Gebiete der vergleichenden Märchenkunde benutzt werden; denn die unsicheren Stellen sind fast ausschließlich Beiwörter, die irgend einer schwülstigen Schilderung angehören und als solche für den eigentlichen Kern der betreffenden Erzählung nicht in Betracht kommen.

Zur bequemeren Vergleichung mit dem Grundtexte habe ich am Rande durch Zahlen nach Seiten und Zeilen auf denselben verwiesen.[1]

Die Übersetzung der Strophen ist meistens aus Böhtlingk's Indischen Sprüchen entnommen, die des Textes wortgetreu, doch nicht ganz sklavisch, was der Kenner gewiss bald bemerken wird. Trotzdem habe ich allen Grund, meine Arbeit ganz besonderer Nachsicht zu empfehlen. Zum Schlusse endlich bleibt mir die angenehme Pflicht, meinem Herrn Verleger für die bereitwillige Übernahme des Buches auch öffentlich zu danken.

Halle-S., den 23. Juni 1899

Richard Schmidt

1 Auf die Wiedergabe der Seiten- und Zahlenhinweise am Rand wurde in der vorliegenden Ausgabe aus Gründen der Leserfreundlichkeit verzichtet. (Anm. d. Red.)

Verneigung dem hochheiligen Gaṇēśa!

… »Nachdem ich den Trefflichen nach Gebühr meine Verehrung dargebracht und mich vor ihnen unter Zuwendung der rechten Seite verneigt habe, beginne ich Freund des Erdherrschers meinen Wunsch nach einem Sohne auszusprechen.

Wohlan, Ihr Herren hier, die Ihr jeder einzelne Bṛhaspati an Hoheit gleicht: mein Wohlstand ist außerordentlich, und das Geld, welches ich besitze, vermag ich nicht zu zählen; aber ich habe keinen Sohn: wie geht das zu?« – Da redeten ihn alle zusammen an: »Haradatta, leihe uns dein Ohr und höre uns an! Du weißt (doch sonst) alles: was ermangelst du gerade hierbei des Besitzes des Wissens? Alle anderen Dinge können durch erschöpfende Anwendung von Fleiß zum Vorschein gebracht werden; aber Ruhm und ferner Nachkommenschaft – dies beides kann durchaus nicht erlangt werden, wenn es an reichen Verdiensteswerken fehlt. Und es heißt:

> Kuntī liebt fünf, und ebenso die Frau ihrer Söhne; die Welt hienieden nennt sie eine Treffliche: Ruhm wird erworben durch verdienstliche Werke.

Ein im Herzen gehegter Wunsch geht erst dann in Erfüllung, wenn außerordentliche Liebe zu dem höchsten Gotte vorhanden ist; ohne die Gunst des höchsten Gottes trägt kein Verlangen Früchte. Und es heißt:

> Wenn im Herzen die Hoffnung auf ununterbrochenes Glück wohnt, dann lass die aus dem irdischen Dasein sich

ergebenden Verhältnisse und verehre den Geliebten der Bhavānī[2].

Auf Schritt und Tritt verborgene Schätze, alle yōjana weit eine Höhle: wie aber sollen wir uns an Milch laben, so lange Virūpākṣa[3] uns nicht wohlgesinnt ist?«

Nach diesen Worten begann jener Haradatta, damit ihm die Gunst des höchsten Gottes im Übermaße glücklich zuteil würde, mannigfache Spenden, fromme Werke, ungezählte Gebete an Rudra[4], Opfer und andere derartige Taten zu verrichten. Infolge dieses Übermaßes von verdienstlichen Werken wurde ihm ein Sohn geboren. An dem Tage nun, an dem dieser Sohn geboren ward, machte Haradatta die Bettler, so viele ihrer waren, unter Trommelschall reich; und kein Bedürftiger wurde an seinem Teile übergangen. Und so heißt es:

Die Spende ist unvergänglich, die gespendet wird bei der Geburt eines Sohnes, bei vyatīpāta[5], dem Eintritte der Sonne in ein neues Sternbild und ebenso bei einer Verfinsterung; ferner bei Opfern und Hochzeiten.

Was bei der Geburt eines Sohnes an Spenden und ähnlichen verdienstlichen Werken vollbracht wird, durch solches Verdienst wird die Lebensdauer des Kindes verlängert, die bösen Sterne werden zu glückverheißenden, und alles Missgeschick wird zu Segen. Und es heißt:

Wie die Vorstellung, die man sich von einem Zauberspruche, einem Wallfahrtsorte, einem Brahmanen, einem Gotte, einem Schicksalsdeuter, einem Heilmittel und einem Lehrer macht, so der Erfolg.

Was man im Gedenken an die Tugend an verdienstlichen Werken in Menge anhäuft, indem man im Herzen liebevoll Mitlei-

2 Bezeichnung für Śiva.
3 Bezeichnung für Śiva.
4 Bezeichnung für Śiva.
5 Eine bestimmte Konstellation.

den hegt – ein solches verdienstliches Werk bringt ganz besonderen Lohn; und der Liebe auf dem Fuße folgend kommt die Vollendung. – Darauf ließ Haradatta die Schicksalskundigen kommen und vollzog die Geburtszeremonie; als Namen bestimmte er »Madanasēna«. Nachdem er dann der Reihe nach die erste Speisung des Kindes mit Reis, das Scheitelziehen, das Anlegen der heiligen Schnur u. s. w. vollzogen hatte, schickte er seinen Sohn als Schüler zu Männern, die in allen Künsten erfahren waren. Nun war da die Tochter eines gewissen Kumudakōśa aus dem Lande Vaṅga, mit Namen Prabhāvatī, welche die Augen aller Leute erquickte, indem sie von ihrem Glanze erfüllt wurden. Diese Gazellenäugige führte Madanasēna heim. An allen Gliedern besaß sie Schönheit und Anmut; in allen Künsten war sie erfahren; sie verstand sich auf die Verwundung durch die Menge der Pfeile des Ungleichpfeiligen[6], der in Gesang, Mimik, Affekten und Pantomime sein Spiel treibt; eine Knospe, vergiftet von dem bösen rasa der Sinnenwelt, der aus dem Dufte bei den Umarmungen hervorquoll; sie umlagerte die Menschheit mit den Geschossen des Glanzes ihrer Seitenblicke; sie besaß die Macht, die Not vieler Menschen noch zu steigern, indem sie dieselben in heiße Glut stürzte. – Jener Madanasēna, der in der Gesamtheit der Künste gerade solcher Liebe bewandert war, wurde heftig verliebt, und zwischen den Beiden erwuchs außerordentliche Verliebtheit. Vergnügt frönten sie dem dritten Lebensziele[7]; und wenn sie einander auch nur einen halben Augenblick nicht sahen, fühlten sie die verzweiflungsvolle Qual einer viele Jahrhunderte dauernden Trennung. Auf diese Weise vernachlässigte Madanasēna die beiden anderen Lebensziele[8], ging dem höheren Glücke

6 Der Liebesgott.
7 Der Liebe.
8 Tugend und Erwerb.

nach und frönte die meiste Zeit dem Genusse des Lebenszieles Liebe. Und es heißt:

Nektar ist Feuer in der Kälte; Nektar ist Herrenwürde; Nektar ist ein vorzügereiches Weib; Nektar ist kuhwarme Milch.

Wer die Redegabe der Sarasvatī, ein schönes, treffliches Weib und die gabenreiche Lakṣmī besitzt, dessen Leben ist gesegnet.

Wenn man eine reizende Frau zur ehrbaren Gattin hat; Geld zum Verteilen und Genießen; im Munde eine wohlklingende, affektvolle Rede und im Herzen Verehrung des Śaṃkara[9]; Verkehr mit Trefflichen, eine feste Gesundheit und gute Herkunft: dann darf man gering denken von dem unbehaglichen, voller Widerwärtigkeiten steckenden Himmel, wo es nichts zu essen gibt.

So ließ also Madanasēna all seine Arbeit liegen und war unermüdlich dem Sinnengenusse ergeben. Da begann sein Vater ihn zu belehren und sprach: »Ei, Madanasēna, du lebst Tag und Nacht nur der Geliebten und vernachlässigst dein Geschäft; diese deine Beschäftigung hat allerdings mit Schicklichkeit nichts zu tun! Und es heißt:

Allzu große Verschwendung soll man meiden; vor allzu großer Liebe soll man sich hüten; allzu große Begierde und ein Kinderloser tötet den Reichtum.

Wegen zu großer Schönheit fiel Sītā, wegen zu großen Übermutes Rāvaṇa, Bali ward gefesselt wegen zu großer Freigebigkeit: überall meide man das Zuviel.

Aus diesem Grunde darfst du dem Minnedienste nicht im Übermaße huldigen: der Mensch muss sich bei solchen Gelegenheiten eben zu bescheiden wissen. Und es heißt:

9 Śiva.

> In drei Dingen soll man Genügsamkeit üben: in der Liebe, im Essen und im Gelde; in drei Dingen aber nicht: in der Kasteiung, im Studium und im Spenden.«

Wiewohl nun Madanasēna in dieser Weise vielfach von seinem Vater belehrt wurde, achtete er doch nicht auf dessen Worte, da sein Sinn auf die Wollust gerichtet war. Und man sagt:

> Es sieht nicht der Hochmuthsblinde, es sieht nicht der Liebesblinde, es sehen nicht die Augenlosen, es sieht nicht der Bettler das Fehlerhafte.
>
> Geldkranke kennen kein Glück und keinen Verwandten; Liebeskranke kennen keine Furcht und keine Scham; Wissenskranke kennen keine Ruhe und keinen Schlaf; Hungerkranke kennen keinen Geschmack und keine Speise.

Aus diesem Grunde beachtete Madanasēna die Lehren seines Vaters durchaus nicht. Da beklagte sich jener Haradatta bei seinem Freunde namens Trivikrama über seinen Sohn. Als Trivikrama ihn gehört hatte, sprach er zu Haradatta: »Höre, Freund, wie kann ein Mensch, dessen Herz von Liebesleidenschaft erfüllt ist, auf einen Schlag auf die rechte Bahn zurückgeführt werden? Was tun nicht Leute, die in den Zustand der im Herzen festgewurzelten ersten Leidenschaft versunken sind?! (… Haradatta sprach: ›…) Bei einem sehnsuchtsvollen Wesen, das bald durch die Lockerung, bald durch die Knüpfung der Bande der Liebe zu den Vorzügen eines Herzens ganz in Anspruch genommen ist, ist diese landläufige Art der Darstellung für die Aussichten auf einen glücklichen Ausgang förderlich. (??) …[10] Sei ruhig Trivikrama! Ich selbst werde nach und nach durch besondere Gründe jenen belehren!« – Nach diesen Worten begab sich Haradatta in seine Wohnung.

10 Aber hier liegt die Sache eben anders!

Da nun Haradatta sah, dass sein Sohn dem Sinnengenusse in ganz besonderem Übermaße ergeben war, fasste er den Entschluss, sein Leben von sich zu werfen, da er das nicht mit ansehen konnte. Trivikrama, der hiervon Kunde erhielt, kam eilends zu Haradatta: da hatte dieser alle Vorbereitungen zum Scheiden aus dem Leben getroffen und wartete auf den Tod. Da zürnte ihm jener gewaltig: »Haradatta, außer dir finde ich keinen, der so beschränkten Sinnes wäre wie du! Was schickst du dich törichterweise an, den Leib zu verlassen? Wie viele große Mühe macht es nicht, einen solchen Leib zu erlangen! Durch diesen Leib wird es ermöglicht, die Vierzahl der Kategorien zu erfassen; um dieses Leibes willen sinnen Zauberer, Vollendete und Magier auf Elixiere von mannigfachen Säften u. s. w. Und es heißt:

> Weiber gibt es wieder, Freunde gibt es wieder, Ackerland gibt es wieder, Söhne gibt es wieder, Glück und Unglück gibt es wieder, nicht aber den Leib.

Ferner:

> Für den Fall eines Missgeschickes erhalte man sein Vermögen; die Gattin erhalte man sogar auf Kosten des Vermögens; sich selbst aber erhalte man beständig sogar auf Kosten der Gattin und des Vermögens.

Darum bist du eben im Begriffe, etwas Treffliches aufzugeben. Höre zu, Verehrter! In dieser Verfassung bist du dann nicht mehr geeignet, das Missgeschick deines Sohnes abzuwenden. Und es heißt:

> Es gibt keinen schlimmeren Feind als den Sohn: bei der Geburt raubt er die Gattin, bei dem Heranwachsen das Geld, bei dem Sterben das Leben.«

Darauf sagte Haradatta: »Ich will von diesem Unheile, welches aus dem Laster meines Sohnes entspringt, frei werden. Wenn es ein solches Mittel gibt, dann nenne es.« -- Darauf berichtete ihm Trivikrama: »Auf dem Gebirge Malaya lebt ein Papagei mit Namen Guṇasāgara. Ebenso wohnt auf dem Gipfel des Himavat[11] eine Predigerskrähe namens Malayavatī: diese Beiden sind infolge des Fluches eines Muni[12] in Vögel verwandelt worden; sie müssen herbeigeholt werden; dann werden sie deinem Sohne Unterricht erteilen.« – Darauf antwortete Haradatta: »Warum sind sie in Vögel verwandelt worden? Um welches Vergehens willen sind sie von dem Muni verflucht worden? Und woher weißt du das? Du sprachst ja von ihrer Geschichte, als sei sie noch ganz allgemein bekannt?« – Als Trivikrama das gehört hatte, erzählte er die Vorgeschichte von Papagei und Predigerskrähe: »Höre zu, Freund, du bester unter den königlichen Vāiśyās. Im Norden gibt es den See Mānasa an dem Gebirge Yōjanamātra(?). Dort weilte ein von vielen Munis umgebener frommer Büßer namens Tapōnidhi. Eines Tages schickte er einen Schüler mit Namen Vidyādhana aus, um zum Gottesdienste Blumen herbeizuholen. Sofort nach Empfang des Auftrages des Herrn der Munis entfernte er sich. Und es heißt:

> Einen Krüppel, einen Vogeldeuter, einen Zauberer, einen Taugenichts, einen Faulpelz, einen, der stets verleumdet und einen Kranken – – diese sieben Arten von Dienern soll man entlassen.

Ebenso:

> Einen trägen, rohen, nichtsnutzigen, grausamen, lasterhaften, heimtückischen, unzufriedenen und undankbaren Menschen soll der Fürst als böse entlassen.

Als jener nun hinging, um Blumen zu holen, erblickte er am Wege einen Blumengarten. Sobald er diesen erschaut hatte, trat er hinein, um Blumen zu sammeln. Dort kam ihm ein Mangobaum in den Bereich seiner Augen, voller dichtgedrängter Blätterbüschel, nach allen Seiten durch die Menge der

11 Himālaya.

12 Frommer Büßer.

Früchte herunterhängend, erschallend von dem fröhlichen Summen der von dem Blumensafte trunkenen Bienen; der das Herz vollständig gefangen nahm. An dessen Fuße erblickte er ein Gandharvenpaar[13]; das war der Gandharvenkönig mit Namen Viśvāvasu, der vor dem Götterfürsten zu spielen pflegte, und seine Lebensgefährtin namens Mālāvatī. Dieses Paar war ganz versunken in die Lust des Spieles, hatte die Laute ergriffen und sang zusammen. Wie sie Beide nun sangen, kam dabei eine so herrliche Melodie zum Vortrage, dass selbst der mondsichelgeschmückte Herr der hochheiligen Pārvatī[14] leibhaftig sich daran ergötzte. Als Vidyādhana das hörte, vergaß er sein Vorhaben, blieb dort stehen und lauschte. Und es heißt:

> Wessen Herz nicht gerührt wird bei schönen Aussprüchen, Gesang und dem Scherzen der Mädchen, der ist wahrlich ein Tor oder ein Vieh.

Während sie nun, ganz in die Unterhaltung versunken, so sangen, verstrich die Zeit, und der Augenblick, wo sie dem Götterfürsten Verehrung darbringen mussten, ging vorüber. Da kam der Züchtiger des Pāka[15] dorthin. Als Viśvāvasu und Mālāvatī merkten, dass der Hundertfachmächtige[16] in die Nähe gekommen sei, dachten sie voller Furcht: »Der Herr wird zürnen!« und verwandelten sich in einen Papagei und eine Predigerskrähe. Der sicher Schützende[17], welcher sah, dass sie eine andere Gestalt angenommen hatten, rief unwillig: »Ihr sollt in dieser Gestalt in der Welt der Sterblichen leben!« – Als die Beiden dieses wie die Berührung mit einer Säge schmerzliche und unerträgliche Wort des Herrn in Gestalt des Fluches vernommen hatten, den das Übermaß des Zornes zu einem so

13 Himmlische Sänger.
14 Gott Śiva.
15 Der Gott Indra.
16 Der Gott Indra.
17 Der Gott Indra.

harten machte, standen sie mit gesenkten Gesichtern da. Darauf ward das Herz des Himmelsgebieters, der ihr betrübtes Antlitz sah, von tiefem, zartem Mitleiden erweicht. Und es ist gesagt worden:

> Wessen Herz von Mitleiden gegen alle Wesen schmilzt, der erlangt Wissen und Erlösung: was bedarf der noch der Büßerflechte, der Asche und der Kutte?

Diesen durch solche Merkmale gekennzeichneten Wandel der Guten soll man einschlagen! – Darauf gab der hundertfach Mächtige den beiden Unglücklichen die Aussicht auf Erlösung: »Während ihr in der Welt der Sterblichen lebt, werdet ihr dem Sohne des Haradatta, Madanasēna mit Namen, Nutzen bringen: erfreut darüber wird er euch ziehen lassen, worauf ihr wieder in unsere Stadt gelangen werdet.« – Nach diesen Worten entfernte er sich mit Getöse.

Diesen ganzen Vorgang sah Vidyādhana mit an: da war die Zeit zum Blumenholen verstrichen. Nun sammelte er Blumen und begab sich zu dem Muni zurück. Da sprach der große Büßer: »Vidyādhana, wir hatten dich ausgeschickt, um zum Gottesdienste Blumen zu holen: warum hast du also die Zeit verstreichen lassen? Unsere Verehrung der Götter ist dadurch gestört worden!« – So stand er mit finsterem Gesichte da. Und es heißt:

> Fünf nannte Vyāsa tot, ob sie gleich leben: den Armen, den Kranken, den Dummkopf, den in der Fremde Weilenden und den beständig Dienenden.

Nun erzählte jener Vidyādhana dem Tapōnidhi die Geschichte von den Gandharven. Als der Fürst der Munis dieselbe gehört hatte, bestimmte er: »Vidyādhana, Vāsava[18] hat Viśvāvasu und Mālāvatī verflucht: wie sie nun in die Welt der Sterblichen fliegen, so sollst auch du in die Welt der Sterblichen gelan-

18 Name für Indra.

gen.« – Da bat jener um Milderung, worauf der Fürst der Munis, das Herz von Mitleiden erfüllt, entgegnete: »Während du in der Welt der Sterblichen wohnst, wirst du dich deiner früheren Existenz erinnern; mit Haradatta zusammen wirst du Freundschaft schließen und ihm einen Dienst erweisen; danach wirst du wieder zu unserer Einsiedelei zurückkehren.« – »So bin ich jener Vidyādhana und als Trivikrama auf der Erde wiedergeboren worden. Daher kenne ich auch die Vorgeschichte des Papageis und der Predigerskrähe. Nun will ich bewirken, dass Papagei und Predigerskrähe hierher kommen«. – Darauf sagte er, nachdem er lauter geworden war und gebadet hatte, den Suparṇa-Spruch her, um den Papagei und die Predigerskrähe herbeizuholen: da waren die beiden Vögel in dem Augenblicke der Beschwörung in ihrer Gewalt. Darauf tat er sie zusammen in einen Käfig und setzte sie in dem Hause des Madanasēna in einem Käfige in dem Bildersaale nieder. Dann gingen Haradatta und Trivikrama beruhigt der eine hierhin, der andere dorthin.

So vergingen mehrere Tage, als die Predigerskrähe zu dem Papagei sprach: »Ei, Herr meines Lebens, du sagst zu diesem Madanasēna aus irgend einem besonderen Grunde kein Wort, während wir doch zu diesem Zwecke herbeigeholt worden sind! Was bringt also unsere Gegenwart für einen nennenswerten Nutzen?« – Als der Papagei das gehört hatte, ließ er folgenden Wortstrom hervorquellen: »Was du da sagst, Liebe, das hat mein Geist Tag und Nacht schon überlegt; aber es will sich keine passende Gelegenheit finden. Und es heißt:

> Wer es versteht, seine Rede der Gelegenheit, seine Gefälligkeiten der Natur des anderen und seinen Zorn der eigenen Kraft anzupassen, der ist ein kluger Mann.«

Nun sprach zu irgend einer Stunde Madanasēna zu dem Papagei: »Wohlan, Rāmacandra, erzähle eine Geschichte!« – Darauf erwiderte der Papagei: »Höre aufmerksam zu, Madanasēna.

Augenblicklich gibt es keinen mehr, der so wie du in jeder Weise Dünkel in seinem Herzen trüge. Durch Erreichung der drei Lebensziele Moral, Reichtum und Liebe kannst du das bedeutungslose Dasein zur Bedeutung bringen; dann erfolgt auch gründliche Erlösung. Aber das erste Ziel hast du nicht erreicht; alles hast du genossen unter Nichtbeachtung der beiden ersten Ziele. Aber jene drei Ziele sind von Leuten von altem Schlage in der althergebrachten Reihenfolge zu erstreben, und man darf nicht versuchen, eines zu überspringen. So sagt man:

> Wer Moral und Erwerb vernachlässigt und nur der Liebe frönt, der ist hienieden Gegenstand der Schmach und im Jenseits trifft ihn Tadel.

Und weiter! Da deine Eltern sehen, dass du in den Beschäftigungen des Ungleichpfeiligen[19] aufgehst, stehen sie kummererfüllten Herzens da. Infolge ihres Grames trifft dich gar schwere Schuld, die Tag und Nacht sich weiter ausbreitet und dein Wohlergehen verbrennt. Wer aber Vater und Mutter verachtet, dem gegenüber gibt es keinen Menschen, der tiefer gesunken wäre. So heißt es denn im Liede:

> Wenn man einen sieht, der seine Eltern nicht pflegt; einen, der zum Zwecke einer heiligen Handlung bettelt und einen, der für einen Fremden Sesam opfert, so schließe man die Augen.

Darum höre, Herr! Mit Bezug darauf will ich dir eine Legende aus dem Mahābhārata erzählen.« – Nach diesen Worten begann der Papagei, Madanasēna eine Geschichte aus alter Zeit vorzutragen: »Höre, Madanasēna! In dem Lande Mālava gibt es eine Brahmanensiedelung Namens Nāgapura. Dort wohnte ein Brahmane mit Namen Vijayaśarman, dessen Sohn hieß Dēvaśarman. Dieser hatte alle Wissenschaften studiert, aber Seelenruhe hatte in seinem Herzen keinen Eingang gefun-

19 Des Liebesgottes.

den. – Darauf sagte er zu seinen Eltern: ›Ich will hingehen, um auch noch andere Wissenschaften zu studieren.‹ – Jene versuchten, ihn davon abzubringen; aber er verachtete ihre Worte und ging in ein anderes, fremdes Land. Während er nun so in der Fremde umherzog, sah er immer wieder viele Wallfahrtsorte, Göttertempel und lautere Stätten; an besonders heiligen Tagen, wie Mondwechselfesten u. s. w., war er ganz in festliche Anbetung versunken; er fand Gefallen daran, die Kleidung der Büßer anzunehmen, erlangte die höchste Entsagung, war dem Blendwerke der Sinnenwelt abgeneigt und lebte in Wunschlosigkeit. So kam er nach dem Gebirge Citrakūṭa. Dort erblickte er einen lauteren Bußwald, schaute einen gewaltigen mēru-Tempel des Śiva und sah einen mit klarem Wasser gefüllten Teich. Er trat hinzu, nahm ein Bad, hielt die Dämmerungsandacht ab, brachte dem Vater der Götter eine Libation dar, ging dann in den Tempel, betete zu Śiva, erfreute ihn durch Loblieder u. s. w., fiel vor ihm nieder und setzte sich, nachdem er im Herzen den höchsten Grad der Andacht erreicht hatte, dort am Fuße eines Baumes nieder. In der Lotusstellung, die Augen auf die Nasenspitze gerichtet, gedachte er nun des hochheiligen Ādinārāyaṇa[20], des Dunkelleibigen, Vierarmigen, mit Muschel, Diskus, Keule und Lotus hochgerüsteten, der Stätte der Śrī, vor dem selbst der bei ihm befindliche Garuḍa sein Händepaar faltet – und was er sonst noch für auszeichnende Eigenschaften haben mag; und während er sonst ganz aufging in dem Dünkel über den irdischen Leib, war sein Herz jetzt für einen Augenblick infolge des gründlichsten Hemmens des Geistes in vollständige Verzückung versunken.

Der Yōgin genießt leicht das Glück, der den Körperzustand aufgibt und frei ohne Stütze schwebend den Pfad der Wonne einschlägt.

---

20 Viṣṇu.

Der Zustand, der zu Anfang des Schlafes und am Ende des Wachens eintritt, den Zustand soll der Yōgin eintreten lassen, der nichts zu tun hat mit dem Zustande der Zweiheit.

So saß jener Dēvaśarman da, die Augen in Andacht geschlossen, indem er die Veränderungen des Äußeren unterdrückte; und während ihm früher der Kamm geschwollen war, blieb er jetzt fern von einem Erkennen, welches auf die Verbindung mit der äußeren Sinnenwelt Bezug gehabt hätte, und merkte nicht, dass schon die Mittagszeit vorüber war. Darauf ging er nach Almosen aus. Hierbei ließ ein Reiherweibchen, welches auf dem Himmelspfade dahinzog, seinen Kot auf ihn fallen. Er blickte empor, und da er das Reiherweibchen erblickte, verfluchte er es zornig; und kaum war der Fluch ausgesprochen, als es entseelt zu Boden stürzte. Bei diesem Anblicke empfand Dēvaśarman tiefe Reue: ›Der arme Vogel hat unverdienterweise eine harte Strafe bekommen; um eines geringfügigen Vergehens willen ist ihm eine schwere Buße auferlegt worden; und ich, der ich mich vom Zorne übermannen ließ, besitze kein Wissen; die Bußübung, die ich angestellt habe, ist mir verloren!

> Der Zorn gleicht dem Könige Vāivasvata[21], die Gier dem Flusse Vāitaraṇī, das Wissen der Wunschkuh, die Zufriedenheit dem Haine Nandana.
>
> Es gibt keine Krankheit gleich der Liebe; es gibt keinen Feind gleich der Torheit; es gibt kein Feuer gleich dem Zorne; es gibt kein Glück gleich dem Wissen.‹

Nach diesen Worten verrichtete Dēvaśarman in der Absicht, jene Schuld zu verlöschen, nochmals Waschungen, Götteranbetungen und andere gute Werke, setzte sich, ganz in einem Gedanken aufgehend, in Andacht nieder und wiederholte ge-

21 Todesgott.

wisse Zaubersprüche unter Aufhebung des Zustandes der Zweiheit.

> Das Gebet mit den Fingerspitzen, das mit Überspringen eines Fingers und das eines Mannes mit zerstreutem Sinne – das alles bringt keine Frucht.

Darauf, als er sein Ziel erreicht hatte, brach er auf, um in die Stadt zu gehen und trat in das Haus eines Brahmanen Namens Nārāyaṇa, um Almosen zu holen. Da nahm dessen Frau, die den Bettler hatte auf die Thür loskommen sehen, ein Gefäß in die Hand, um ihm ein Almosen zu geben, als ihr Gatte Nārāyaṇa nach Hause kam. Da stellte sie das Almosengefäß beiseite und sprach zu Dēvaśarman: ›Warte nur einen Augenblick!‹ – Dann gab sie dem Gatten eine Wasserschüssel, brachte Wasser zum Waschen, besorgte alles, was zum Bade, zur Verehrung der Götter, zur Mahlzeit u. s. w. gehörte und brachte dann für den Bettler Dēvaśarman ein Almosen. Da sagte Dēvaśarman zu ihr: ›So lange Zeit stehe ich nun an der Tür! Saumselig willst du mir ein Almosen reichen? Dadurch hast du eine schwere Sünde begangen!‹ – Darauf entgegnete sie dem Bettler: ›Eine jede besondere Pflicht geht der anderen an Dringlichkeit vor. Man soll diejenige der zukommenden Pflichten zuerst erfüllen, die an Wichtigkeit die erste Stelle einnimmt; dann mag man sich dem anderen Zwecke widmen. Ein Spruch lautet:

> Wo Nichtverehrenswerte verehrt und Tugendgezierte nicht verehrt werden, da wird dreierlei sich einstellen: Hungersnot, Seuche und Grausen.

Von uns muss die Bedienung des Gatten (zuerst) vollbracht werden. Denn so heißt es:

> Das eben ist die höchste Pflicht, das eben ist die höchste Bußübung: wenn die Frauen dem Gatten gehorsam sind, ist das die Veranlassung, dass sie in den Himmel kommen.

Darum ist all unser Beginnen mit Erfolg gekrönt. Und es heißt im Gedichte:

> Die Schönheit der Nachtigallen besteht in dem Gesange, der Frauen aber in der Gattentreue; die Schönheit der Hässlichen besteht in dem Wissen, die Schönheit der Büßer besteht in der Langmut.

Große Yōgins von deinesgleichen müssen besonders Langmut üben, dann wird die Frucht des Yōga vollständig erlangt; andernfalls ist die angewandte Mühe eitel.‹ – Da riss er die Augen auf, furchtbar anzusehen durch das zornige Runzeln der Brauen, worauf die Gattentreue sprach: ›Was kann dein Zorn wohl ausrichten! Wie wäre ich denn jenes Reiherweibchen, welches dein Zorn aus der Luft herabstürzte?!‹ – Als Dēvaśarman das gehört hatte, geriet er in Staunen: ›Wieso ist diese imstande, ein Ereignis, das sich anderswo zugetragen hat, in den Bereich ihrer Augen zu bringen? Dieser darf nicht mit der gewöhnlichen Achtung begegnet werden!‹ – Nach solchen Worten fiel er, so lang er war, vor ihr nieder und sprach: ›Du musst mich unterweisen! Woher hast du solches übernatürliches Wissen?‹ – Darauf sagte sie zu ihm: ›Jedes Lebewesen folgt der Bestimmung, die ihm vorgeschrieben ist, nach Gebühr; dann ergibt sich das Wissen ganz von selbst und gewinnt Raum in ihm. Da ich meinem Gatten demütig diene, hat sich mir das Wissen erschlossen. Du magst nach Benares gehen; dort wohnt ein Jäger Namens Dharmavyādha; der wird dir Unterricht im Wissen erteilen.‹ – Da machte sich Dēvaśarman auf das Wort, der trefflichen Frau hin auf den Weg nach Benares. Allmählich näherte er sich der Stadt des Viśvanātha[22], der Stätte der Erlösung. Er ging in die Stadt hinein, badete an dem heiligen Wallfahrtsorte, brachte dem hochheiligen Herrn des Alls Anbetung dar, verneigte sich, warf sich lang vor ihm nieder, läuterte sich

22 Śiva.

selbst und begab sich dann in die Nähe des Dharmavyādha, um ihn zu sehen. Sobald ihn dieser erblickt hatte, sprach er: ›Du bist von der Gattentreuen abgeschickt?‹ – Als er das gehört hatte, sprach er zu ihm: ›Allerdings bin ich, von ihr abgeschickt, in deine Nähe gekommen.‹ – Darauf gingen beide nach der Behausung des Jägers, wo dieser dem Dēvaśarman einen Platz zum Hinsetzen anwies. Nun waren da die alten Eltern des Jägers: zu denen ging er hin, übergab ihnen das Geld, das er eingenommen hatte, fiel vor ihnen der Länge nach nieder und sprach mit zusammengelegten Händen: ›Ein Gast ist angekommen!‹ – Als die Eltern das gehört hatten, entgegneten sie: ›Wenn ein Gast angekommen ist, so bedeutet das für uns Glück. Ihm ist ganz außerordentliche Verehrung zu zollen.‹ Und es heißt:

> Für die Brahmanen ist das Feuer Gegenstand der Verehrung, für die übrigen Kasten der Brahmane; für die Frauen ist der alleinige Gegenstand der Verehrung der Gatte, für alle aber der Gast.
>
> Der Gast und der Tadler, das sind meine besten Freunde: der Tadler beseitigt das Sündigen, der Gast ist die Brücke zu dem Himmel.

Darauf erwies Dharmavyādha diesem Gaste freundliche Bewirtung. Nun sagte Dēvaśarman: ›Du bist allwissend: du musst mich in der Tugend unterweisen!‹ – Als der Jäger dies Wort vernommen hatte, sprach er: ›Du bist gesunken und darum nicht würdig, unterrichtet zu werden; (nur) als Gast bist du uns achtbar. Denn es heißt:

> Mag ein Brahmane in ein Haus treten oder ein Śūdra oder ein Caṇḍāla: ein Gast ist hier auf Erden unter allen Umständen zu ehren wie ein Trefflicher.

Du tust nicht nach den Worten deiner Eltern: warum also machst du dir unnütze Mühe, indem du dich an heiligen Wallfahrtsorten umhertreibst? Diese deine Anstrengung ist durchaus nutzlos. Gehe nach Hause zurück und erweise deinen Eltern rechten Gehorsam; dann wird das Wissen von selbst kommen. Das ist der Unterricht, den ich dir erteile.‹ – Danach kehrte Dēvaśarman auf das Wort des Jägers in seine Behausung zurück und ging zu seinen Eltern, in deren Herzen über die Heimkehr des Sohnes außerordentliche Wonne herrschte. Auf diese Weise ward Dēvaśarman sündenrein.

Darum, Madanasēna, musst (auch) du deinen Eltern huldigen, dann wirst du auch eine angesehene Persönlichkeit werden. Es gibt in der Zeitlichkeit für die Menschen, abgesehen von der Ehrerbietung gegen die Eltern, nichts, was den ersehnten Lohn brächte. Siehe, mit Bezug darauf kann ich dir ein Beispiel erzählen. An dem Ufer des Flusses Bhāgīrathī[23] liegt eine weite Stadt mit Namen Pāṇḍarapura. Dort übte Puṇḍarīka Tag und Nacht preiswürdige Elternverehrung. Kraft des Übermaßes der von ihm damit getanen Bußübung erschütterte er die Vāikuṇṭha-Himmelswohnung, so dass der ungeschwächt-majestätische Herr von Vāikuṇṭha selbst ihm erschien. Auch heute noch ist der Erfolg davon bestehen geblieben: jene Stätte ist als Dvārakā des Südens allenthalben hochberühmt! Das ist der Lohn, wenn man seine Eltern verehrt. Darum also beginne auch du, deinen Eltern zu dienen.«

Diese Geschichte erzählte der Papagei dem Madanasēna. Als dieser das gehört hatte, wendete er sich an den Papagei mit den Worten: »Papagei, durch deine Gnade ist mir das höchste Verständnis aufgegangen!« – Nach diesen Worten ging Madanasēna zu seinen Eltern, warf sich lang vor ihnen nieder, legte die Hände zusammen und sagte: »So viele Tage lang habe ich gelebt, bestohlen an allen Teilen meines Besitzes, da ich euren Befehlen nicht gehorcht habe. Da ist mir nun jenes Ereignis (der Belehrung) willkommen wie ein Himmelswagen! Von

23 Ganges.

heute ab mögt ihr mir ebenso nützliche Aufträge erteilen, wie man einem Diener Befehle gibt.« – Als Haradatta das gehört hatte, ward er froh und empfand die höchste Freudenfülle. Denn es heißt:

> Wer einen Sohn hat, der den Vater liebt; eine Frau, die seinem Gebote folgt und Reichtum zu Spenden und Genuss, der hat hier schon den Himmel.

Darauf sagte Haradatta erfreut zu seinem Sohne: »Bleibe hier und übernimm die Sorge für die Familie, während ich hingehen werde, um auf Gelderwerb bedacht zu sein. Ein Mann ohne Geld kann nicht einmal Gras eintauschen. Und so sagt man:

> Der Reiche ist zu verehren, der Reiche ist preiswürdig, der Reiche ist der Hort aller Tugenden; wer kein Geld hat, ist nicht angesehen, gleichwie die geruchlosen Kiṃśuka[24]-Blumen.
>
> Wer Geld hat, der hat auch Freunde; wer Geld hat, der hat auch Angehörige; wer Geld hat, der ist ein Mann in den Augen der Welt; wer Geld hat, der ist auch gelehrt.
>
> Wer Vermögen besitzt, der ist ein wohlgeborener Mann, klug, gelehrt und Tugendkenner; er ist beredt und er ist ansehenswert: alle Tugenden sind ja im Gefolge des Goldes!
>
> Die Welt dreht sich nicht um die Grammatik; sie dreht sich nicht um den Klang der Saiten; sie dreht sich nicht um die drei Veden: um das tägliche Brot dreht sie sich!«

Als Madanasēna das Wort des Vaters gehört hatte, sprach er zu seinem Erzeuger: »Wenn du, Ehrwürdiger, eine Reise machen müsstest, während ich, der Sohn, noch da bin, was hättest du dann von deinem Sohne für Nutzen? Der Sohn aber, der seinen Eltern nicht dienen mag, wozu ist der geboren? Man hat gesagt:

24 Butea frondosa.

> Was nützt die Geburt eines Sohnes, der nichts von Wissenschaft und Tugend weiß? Was macht man mit einer Kuh, die keine Milch gibt und nicht kalbt?

Der allein hat ein gesegnetes Leben, der seinen Eltern durch Ehrerbietung Wonne bereitet; kein anderer. So heißt es:

> Wer im Trachten nach Vermögen Tugend übt, glaubensstark Śiva verehrt und stets Vater und Mutter liebt, dessen Leben ist gesegnet.
>
> Mit ihrem einzigen, aber trefflichen Jungen schläft die Löwin sorglos; mit ihren zehn Jungen zusammen trägt die Eselin Lasten.

Darum eben möge der Herr hier bleiben; ich selbst will ausziehen, um Handel zu treiben.« – Nachdem er die Erlaubnis dazu erlangt hatte, entfernte er sich, ging in sein Haus und sprach zu seiner herzliebsten Prabhāvatī: »Liebe Prabhāvatī, ich bin im Begriffe, um Geld zu erwerben auf Handelsunternehmungen auszuziehen. Du sollst dir wegen der Trennung von mir durchaus keinen Kummer machen: auch ich kann das Fernsein von dir auch nicht einen Augenblick ertragen; aber da ich denke, das Wort des Vaters darf man nicht unbeachtet lassen, so bin ich im Herzen zu reisen entschlossen.« – Als Prabhāvatī dieses außerordentlich schwer zu ertragende, wie eine Säge raue Wort ihres Gatten vernommen hatte, welches den Werken des Ungleichpfeiligen feindlich war, furchtbares Gift der Bestürzung erzeugte und durch die Qual des Giftes der wuchtigen Rede wie (die Sonne) im Solstitium außerordentlichen Brand hervorrief, sprach sie zu ihrem Gebieter, gleichsam des Lebens bar, der Körper gelähmt, die Muskelbänder ihrer Glieder erschlafft, der Schönheitsglanz getroffen von den wirren Locken, und gleichsam an der Kehle gepackt von glutheißer Bestürzung, die von reichlicher irrer Lust begleitet war: »Höre, Herr des Lebens! Das Wort des Vaters nicht zu übertreten, ist das höchste Gesetz. Aber es gibt auch noch ein weiteres; das heißt:

Reisen in der Regenzeit, Armut des Mannes in der Jugend und Trennung in der ersten Liebe – diese drei sind außerordentlich schwere Missgeschicke.

Diese Dreizahl ist für den Mann das Allerhärteste. Und so:

Bei einer fertigen Speise, bei einer reifen Frucht und in der ersten Jugendzeit der Frau darf man die Zeit nicht verstreichen lassen; der Schritt der Zeit ist eilig.

Bei solchen Gelegenheiten muss der Mann in außerordentlicher Hast sich mühen. Und ferner:

Auf der Stelle greift der Verständige nach Bestechungen, Liebesgaben, Spielgeld, schönen Aussprüchen und einer Geliebten in der ersten Jugendblüte.«

Also sprach Prabhāvatī; aber das fand keinen Zugang zu seinem Herzen. Er tröstete sie darauf mit Liebesworten, die zum Herzen selbst der Gattin des Hiranyagarbha[25] gegangen wären, und wollte sich entfernen. Da sagte sie: »Madanasēna, wenn zwischen dir und mir eine solche höchste, unbegrenzte Liebe besteht, wie kannst du mich da in solchem Zustande verlassen und eine Reise unternehmen?« – Darauf antwortete er: »Wohin ich auch immer gehe, du bist doch in meinem Herzen: das wisse mit dem Auge der Klugheit! (??) So heißt es denn:

Auf dem Berge der Pfau, am Himmel die Wolken; in einer Entfernung von hunderttausend yōjana[26] die Sonne, in den Gewässern der Taglotus; der zweihunderttausend yōjana entfernte Mond der Genosse des Nachtlotus: für einen Freund gibt es keine Entfernung.

Wer in unserem Herzen wohnt, der ist nahe, ob er gleich in der Ferne weilt; wer aber nicht in unserem Herzen wohnt, der ist, selbst nahe, fern.«

Nach diesen Worten wollte Madanasēna gehen; da füllten sich ihre Augen mit schweren Tränen. Als Madanasēna das sah, trat

25 (Brahman oder) Śiva.

26 2 geographische oder nur 2½ englische Meilen.

er zu ihr, und nachdem er in inniger Umarmung den Wohlgeruch ihres Parfums studiert und ihre Tränen mit seiner Hand abgewischt hatte, sprach er zu dem Papagei und der Predigerskrähe: »Höret Guṇasāgara und Mālāvatī: Diese Prabhāvatī wird euch in jeder Beziehung anvertraut. Ihr müsst nach und nach mit trefflichen Reden den dem Weltuntergange ähnlichen, über der Trennung entstehenden Kummer aus ihrem Herzen entfernen. Sie ist in eure Obhut gegeben: lasst nicht zu, dass ihr Trennungsschmerz wächst!« – Nach diesen Worten zog Madanasēna aus nach einem fremden Lande, da er einmal seine Gedanken auf Handelsunternehmungen gerichtet hatte.

Nun war Prabhāvatī, über den schmerzlichen Zustand der Trennung von dem Gatten in den Gliedern (wie) zerschlagen, Tag und Nacht in diesen Zustand versunken und hemmte sogar das Verlangen nach Speise und Trank. Als darauf die Predigerskrähe ihren tiefen Schmerz über die Trennung bemerkt hatte, sagte sie zu dem Papagei: »Rāmacandra, Madanasēna hat uns Prabhāvatī mit der Bestimmung anvertraut, dass wir sie von der Qual des Trennungsschmerzes fernhalten sollten. Warum erregst du also nicht ihr Interesse in hohem Grade durch Erzählungen, Abenteuer, Legenden u. s. w. und belehrst sie damit zugleich, unter Beseitigung ihres außerordentlichen Kummers, sie, deren Leib brennt, erfüllt von den Flammen des Waldbrandes Trennung; deren Glieder allesamt durch außerordentliche Leiden erschöpft und durch den Aufenthalt im Gefängnisse des Todes geschwächt sind; und welche die zahlreichen Verwundungen durch den Stachel des Kummers und Verdrusses unverhüllt in dem verwundeten Blicke zur Schau trägt? Dein Schweigenbeobachten wird dir auf der Stelle Tadel einbringen.« – Darauf sprach der Vogel, als er das Wort der Geliebten vernommen hatte, indem der Geliebte des Leibes[27]

27 Die Seele?

durch jene Rede günstig gestimmt wurde, während das ganze Herz von Kümmernis niedergedrückt war: »Lebensherrin, der Sinn der Weiber wechselt jeden Augenblick, ist schwer zu lenken und ermangelt der Tatkraft. Ich beobachte einstweilen, was für einen Ausgang die festgewurzelte Kraft ihres Sinnes haben wird. Wenn ich das weiß, werde ich dann ein dementsprechendes Mittel anwenden. So heißt es:

> Lügenhaftigkeit, Unbesonnenheit, Falschheit, Dummheit, Wankelmütigkeit, Unreinlichkeit und Grausamkeit sind die angeborenen Fehler der Weiber.

Nach diesen Worten saß der Papagei schweigend da. – Eines Tages nun, als Prabhāvatī sich auf ihrem Hausdache befand, wurde die Verliebte, eine göttliche Heilpflanze, geeignet, Liebeskranke gesund zu machen, dort von dem Sohne des Herrschers, Vinayakandarpa, erblickt. Da schickte er Unterhändlerinnen zu Prabhāvatī, die waren folgendermaßen beschaffen: in vielen Künsten erfahren; fähig, durch einen kurzen Blick des Auges bei dem, den sie anschauten, Freude im Übermaße hervorzubringen; sie verhüteten Entzweiungen durch beliebiges Lenken der Herzen, deren Regungen sie durch den Austausch entsprechender Antworten zügelten; geehrt wurden sie mit einer Liebe, ganz als wären sie das in der Śruti[28] überlieferte höchste Wesen; sie verstanden es, durch einen kurzen Blick den Stachel des Kummers auszuziehen; im Herzen des Gatten wussten sie selbst ein wirklich begangenes Vergehen, von dem er gehört hatte, zu vertuschen; ihre Lippen funkelten von einer Fülle von Beweisen, begleitet von mannigfachen Beispielen aus dem gewöhnlichen Leben und aus der anderen Welt. Diese also kamen zu ihr und begannen nach und nach eine vielseitige, sehr kluge und zu Herzen gehende Unterhaltung; und indem sie ihren Herzensgedanken entsprechend redeten, wur-

28 Heilige Schrift.

den sie auf diese Weise mit Prabhāvatī vertraut. Darauf begannen sie zu verhandeln: »Prabhāvatī, warum erträgst du die Trennung von dem Gatten? Warum lädst du grundlosen Kummer auf dein Herz, da der folgende Tag den heutigen nicht glücklicher machen kann? Vergangene Tage aber kehren nicht wieder! Warum, ja, warum lässt du jetzt die deinem Leibe anhaftende Frische, Zartheit und Anmut nutzlos entschwinden? Wenn der, um welchen du Trennungsschmerzen erleidest, dir in Liebe ergeben wäre, weshalb nimmt er dich dann nicht mit? Nein, er genießt mit den Frauen mit schönem Hintern, wo er sie nur trifft, des himmlischen Glückes der Liebeslust. Was hast du nicht alles infolge deiner Liebe zu dem Gatten durchzukosten! Wo ist die Frau, welche durch solchen Gehorsam gegen den Ehemann lebt? Zeige mir nur eine einzige! Wenn du dich vor der Sünde fürchtest, die in der anderen Welt zu büßen sein werde, dann frage ich: wessen Auge hat diese Welt und diese Sünde deutlich zu sehen bekommen? So heißt es denn:

> So lange das Leben währt, lebe man vergnügt, mache Schulden und trinke Schmelzbutter: woher soll der Leib zurückkommen, wenn er erst zu Asche geworden ist?

Warum also bringst du dein Dasein nutzlos hin, indem es des Liebesgenusses ermangelt? Wenn du nach Herzenslust dem Genusse der Wollust frönen willst, werden wir dir Beistand leisten; wir werden dich mit jenem Königssohne Vinayakandarpa zusammenbringen; dann wird deine Geburt gesegnet sein.« – Durch solche Worte ward ihr Geist zum Schwanken gebracht. Und es heißt:

> Von einem Wassertropfen, der auf glühendes Eisen fällt, ist keine Spur mehr zu vernehmen; denselben Tropfen erblickt man in Perlengestalt, wenn er sich auf dem Blatte einer Lotuspflanze befindet; zu einer echten Perle wird er, wenn er in eine Muschel im Innern des Meeres gerät: so pflegt es zu

gehen mit den Leuten, je nachdem sie mit Niedrigen, Mittelmäßigen oder Hohen umgehen.

Freiheit, ein Aufenthalt im Hause der Eltern, das Besuchen festlicher Aufzüge, das Sichgehenlassen im Beisein von Männern in Gesellschaften, das Leben in der Fremde, häufiger Umgang mit unzüchtigen Weibern, Einbuße des Lebensunterhaltes, des Gatten hohes Alter, seine Eifersucht und seine Reisen sind die Ursache, dass ein Weib zu Grunde geht.

Darauf schmückte sich Prabhāvatī mit gar reichen Schmucksachen und schickte sich an, zum Liebesbesuche auszugehen, als die Predigerskrähe zu dem anderen Vogel sprach: »Von Madanasēna ist uns diese Prabhāvatī als anvertrautes Gut übergeben worden; da sie nun zur Unzucht neigt, was wehrst du ihr da nicht?« Darauf entgegnete der Papagei: »Sei du ruhig; was zu sagen ist, werde ich ihr schon selbst mitteilen.« – Während nun der Vogel über eine Auskunft nachdachte, plapperte die Predigerskrähe: »Prabhāvatī, was du da tun willst, wird dir den Untergang bereiten!« – Als sie das hörte, sah sie der Unterhändlerin in das Gesicht, worauf diese sagte: »Der sündhafte Vogel da muss getötet werden, da er zum Unheil Anderer eine Menge Hindernisse bereitet!« – Da trat Prabhāvatī hinzu und schob den Riegel des Käfigs zurück, indem sie im Herzen gedachte, die Predigerskrähe mit der Hand zu fassen und umzubringen: da flog die Predigerskrähe auf und entwischte. Darauf riefen Alle: »Sie ist fort! Das ist gut, dass es so gekommen ist!« – Nun erzählte Prabhāvatī die ganze Geschichte (?), worauf der Papagei, nachdem er das gehört hatte, sprach: »Da ist es ja gut abgelaufen! Allezeit sehe ich, dass die Herrin an ihrem Leibe von der Verliebtheit heftig beunruhigt ist; und ich suche, mit Bezug darauf der Herrin etwas zu sagen: aber wer will Anderer Seelenzustand kennen? In der Welt gibt es, abgesehen von dem trefflichen Liebesbesuche, nichts weiter, was in noch höherem Maße Glück brächte. Darum ist das ein treffliches Beginnen von dir. Aber hierbei ist noch etwas zu bedenken: wenn du wie Guṇaśālinī in Verlegenheit geraten eine Antwort zu geben weißt, dann gehe an jenes Vorhaben, welches bei der Ausführung viel Beschwerlichkeiten bereitet.« – So angeredet sprach Prabhāvatī: »Wer war denn Guṇaśālinī? Was für eine Verlegenheit überwand sie? Das magst du erzählen!« – Darauf erzählte der Papagei; Prabhāvatī und die mit ihr befreundeten Frauen fragten danach.

Damit ist die erste Erzählung mitgeteilt, die für die übrigen Geschichten die Rahmenerzählung bildet. So reihen sich nun in dem Geschichtenbuche die einzelnen Erzählungen an.

Also:

1

»Es gibt eine Stadt namens Candravatī; dort war ein König namens Bhīmasēna und ein Kaufmann mit Namen Mōhana, dessen Frau, Guṇaśālinī mit Namen, hatte in der Schönheit einen außerordentlich hohen Grad erreicht. Nun sah sie der Sohn des Vasudatta: in dem Augenblicke, da er sie erblickt hatte, wurde sein ganzes Wesen durch den Liebesgott in Aufruhr gebracht. Da ließ er alle anderen Beschäftigungen als nutzlos liegen und suchte jene durch Botinnen zu erbitten; aber sie ging nicht darauf ein. Darauf bat er eine Kupplerin, namens Pūrṇā, die voller Ränke zur Ausführung kupplerischer Taten steckte, die Unterhändlerin zu spielen: ›Wenn du bewirkst, dass Guṇaśālinī mir angehört, dann will ich dahin wirken, dass du dich freust. Um was du bitten wirst, das werde ich dir zukommen lassen.‹ – Da versprach sie, das auswirken zu wollen; und nachdem sie darauf einen günstigen Zeitpunkt ersehen hatte, ging sie in das Haus der Guṇaśālinī. Mit dieser pflog sie nun Tag für Tag gar würdige Unterhaltung; täglich sang sie von den Scherzen des hochheiligen Kṛṣṇa, seinem Kampfe mit Malla, seinem Ballspiele und anderen Abenteuern und unterhielt sie von den vergangenen Tagen der Kindheit. Auf diese Weise entstand zwischen den beiden Freundschaft. – Nun wollte sie eines Tages der Pūrṇā irgend etwas schenken; da nahm sie es nicht an, (indem sie sagte): ›Mein Herz fühlt kein Verlangen nach dieser wenn auch wertvollen Sache, die du mir schenken willst: d a s magst du mir gewähren, um was ich dich anreden will.‹ – So von ihr angeredet versprach Guṇaśālinī es. Darauf sagte Pūrṇā: ›Wenn du meinen Wunsch erfüllen willst, dann magst du mir darauf dein Wort geben.‹ – Da gab Guṇaśālinī ihr Wort, worauf Pūrṇā, die ihre Sache bei ihr so gut gelingen sah, sprach: ›Du sollst jenem Wollust gewähren! Wenn du gesonnen bist, dein Wort wahr zu machen, dann halte jenes Wort, das du gesprochen hast.‹ – Da nun Guṇaśālinī, die deren Absichten vorher nicht gekannt hatte, sich mit ihrem Worte einverstanden erklärt hatte, so war ihr Herz hinterdrein voller vieler Sorgen: ›Ich habe um die Absichten dieser schlechten Frau vorher nicht gewusst; ohne etwas zu ahnen habe ich zugesagt! Was für ein Verfahren muss ich nun weiter beobachten? Wenn ich mein Wort wahr machen will, dann werde ich durch die Ausübung der Unzucht eine Sünde gutheißen und begehen; wenn ich den Liebesbesuch nicht abstatte, dann werde ich weit von dem Halten des gegebenen Wortes entfernt sein. So geht dem, der eins erhalten will, das andere verloren. Es ist wie mit den Küssen und dem Liebesgenusse seitens eines Schmerbauches: wozu soll man da noch ängstlich tausend Überlegungen zwischen den beiden Punkten anstellen? Selbst wenn man den eigenen Leib verpfändet hat, darf man doch einem Wortbruche keinen Raum geben: so lautet das vernehmlich gesprochene Wort alter Meister. Also will ich den Liebesbesuch ausführen, damit ich jenes Wort ja nicht breche. Und so hat man gesagt:

Ein nichtsnutziger Mensch wird in jeder Beziehung wertvoll, wenn ihm die Treue gegen ein gegebenes Wort eine Fülle von Wert verleiht; wie man seinem Worte untreu wird, so schwinden die verdienstlichen Werke.

Was man unter Verpfändung seines Wortes versprochen hat, mag es nun etwas Gutes oder etwas Schlechtes sein – dabei soll man nicht schwanken; denn das allein gilt.‹

Nachdem Guṇaśālinī so überlegt hatte, sprach sie zu Pūrṇā: ›Hole den von dir genannten Mann herbei, der dir beliebt. Ich werde inzwischen anderswo, in dem Göttertempel, weilen.‹ – Darauf ging Pūrṇā zur Abendzeit hin, um jenen herbeizuholen; da sie ihn aber in dem Menschengedränge nicht erkannte, fasste sie, im Geiste durch die Ähnlichkeit mit ihm irregeführt, den Ehemann der Guṇaśālinī bei der Hand und brachte ihn an jenen Ort des Stelldicheins: da erkannte er seine Frau und sie ihren Gatten! Darum sage an, Prabhāvatī: was für eine List gebrauchte sie da in dieser also beschaffenen verlegenen Lage? Das sage erst unverzagt; dann gehe.« – Prabhāvatī begann zu überlegen; aber sie fand die Antwort darauf nicht; inzwischen ging die Nacht vorüber. Danach fragte sie den Papagei, und dieser sprach: »Als sie in ihm ihren Gatten erkannt hatte, packte sie ihn bei den Haaren, ohrfeigte ihn und rief: ›Du sagst immer in meiner Gegenwart ohne Scheu, dass du außer mir durchaus keine weitere Geliebte kennst; damit steht dieser dein Wandel im Widerspruche, den ich nicht einmal mit einem Blicke streifen kann. So bringe mich in das Haus meiner Eltern zurück, oder nein, ich werde es dem Könige anzeigen und dich bestrafen lassen!‹ – Da fiel jener Mōhana Guṇaśālinī zu Füßen und sprach: ›Ich habe mir da ein großes Vergehen zu Schulden kommen lassen; das magst du mir verzeihen!‹ – Mit diesen Worten stimmte er sie milde. –

Also, Prabhāvatī, wenn du eben solche Tat vollbringen kannst, dann gehe an jenes Werk, welches vielfachen Wechselfällen ausgesetzt ist.«

So lautet die erste Erzählung.

2

Wiederum fragte Prabhāvatī den Vogel, um in die Behausung des Vinayakandarpa zu gehen, und der Papagei sprach: »Wenn du dich wie Yaśōdā auf die Anwendung von List verstehst, dann gehe.« – Als Prabhāvatī das gehört hatte, richtete sie an den Papagei die Frage: »Du magst das Treiben der Yaśōdā schildern!« – Nach dieser ihrer Anrede entgegnete der an Überfluss reiche Vogel: »Es gibt eine Stadt mit Namen Madanapura. Dort herrschte ein Fürst mit Namen Nanda über die Erhalterin der Geschöpfe. Dessen Sohn hieß Rājaśēkhara, und dessen Frau Śaśiprabhā; die kam einem Kaufmanne Nandana in den Gesichtskreis. Unmittelbar darauf, nachdem er sie gesehen hatte, verlor er allen Halt, und sein Leib war von dem Anprall der Pfeile des Liebesgottes zerschlagen; auf einmal kostete er alle Arten von Graden der Liebe durch; sein Herz nahm jetzt die wichtigste Stelle ein; immer überlegte er die Mittel, wie er jene erlangen könnte und wandelte auf dem Pfade der vollständigsten Versenkung in dieses Eine. Aber infolge der täglichen Sorge, wie und auf welche Weise die junge Frau des mächtigen Fürsten gewonnen werden solle, magerte sein Leib ab, wie der Mond in der dunklen Monatshälfte, dessen Sichel wie Geld abnimmt. So lebte er dahin, nur noch die Stätte für seinen allein noch übriggebliebenen Namen. Als nun seine Mutter Yaśōdā diesen seinen also beschaffenen Zustand sah, fragte sie ihn: ›Sohn, wie kommst du in diesen Zustand! Was in deinem Herzen geschehen ist, das magst du in meiner Gegenwart unverzagt erzählen.‹ – Auf dieses Wort der Mutter hin berichtete er ihr von all den Gedanken, die er in seinem Herzen hegte: ›Wenn Śaśiprabhā sich mit meinem Leibe vereinigt, wird mir das Leben erhalten bleiben; sonst nicht.‹ –

Nun, Prabhāvatī, gib du es zunächst an: wie wurde sein Wunsch von Yaśōdā erfüllt? Wie brachte Yaśōdā die Śaśiprabhā mit ihm zusammen? Wenn du das gesagt hast, dann magst du wie angegeben gehen.« – Als Prabhāvatī das gehört hatte, bekam sie infolge des Nachdenkens darüber nur das e i n e Gefühl: das einer ununterbrochenen Fülle von Sorge. Aber trotzdem fand sie es nicht. Da fragte sie am Morgen den Vogel, und dieser sprach: »Höre, Prabhāvatī! Da nahm Yaśōdā die Kleidung einer Büßerin an, indem sie ein braunrotes Gewand anlegte, sich das Abzeichen der drei Striche anmalte und an den Hals einen Rosenkranz hängte; gesellte sich einen Verwandten zu, dem sie ein heiliges, aus Stücken von achterlei Hölzern gefertigtes Gefäß und einen Blumenkorb auf die Schultern legte, nahm nach Besorgung dieser feierlichen Einleitung auch noch eine Hündin mit und begab sich dann, mit diesen Hilfsmitteln ausgerüstet, an die Tür der Śaśiprabhā. Hier angelangt sagte sie zu den Türhütern: ›Wir sind auf der Wallfahrt zu Sōmanātha von Surāṣṭra gewesen und kehren jetzt zurück, indem wir unterwegs die berühmtesten Wallfahrtsorte ansehen. Heute aber sind wir ganz außerordentlich ermüdet und können nicht weiter. Darum wollen wir den heutigen Tag hier rasten; morgen früh wollen wir den begonnenen Marsch fortsetzen.‹ – Mit diesen Worten machte sie dort Halt. Darauf vollzog sie ebendaselbst vor ihren Augen das Bestreichen mit Kuhmist, brachte den Göttern Anbetung dar, versah die Gottheit mit Abwaschungen, spendete Räucherwerk, Lampen und Libationen, warf sich dann der Länge nach nieder und brachte der bei ihr befindlichen Hündin mit allen möglichen Opfern, Anbetungen u. s. w. Verehrung dar. Alle staunten, da sie dies Beginnen sahen. So vollzog sie alle Tage dort weilend die Verehrung der Hündin, indem sie am Schlusse der Länge nach niederfiel

u. s. w. Von diesem Vorgange hörte Śaśiprabhā; sie kam eines Tages herbei, um das Abenteuer zu schauen und fragte darauf Yaśōdā nach diesem Beginnen: ›Was ist das für eine Hündin? Erzähle mir ihre Geschichte!‹ – Als Yaśōdā sah, wie eifrig sie diese Frage an sie richtete, füllten sich ihre Augen mit Tränen, und sie sprach: ›Śaśiprabhā, warum fragst du danach? Wenn ich das getreulich erzähle, wird dich gar schwerer Kummer treffen.‹ – Als sie so gesprochen hatte, drang Śaśiprabhā nur noch hartnäckiger darauf, jene Frage zu beantworten. Da nun Yaśōdā den außerordentlich hohen Grad ihrer Hartnäckigkeit bemerkte, forderte sie, um das erzählen zu können, einen ungestörten Ort. ›Denn es heißt:

> Alter, Vermögen, Schande im Hause, Geheimnisse, Beratungen, wenn man den Beischlaf ausgeübt, einen Afterlaut gelassen und Verachtung erlitten hat: das soll ein Verständiger nicht ausposaunen.‹

Nach diesen Worten begann sie unter vier Augen zu erzählen: ›Höre, Śaśiprabhā! Einst waren wir, ich hier, du und diese Hündin, diese drei, leibliche Schwestern und lebten in dem Hause eines Kaufmannes. Da war ich nach Herzenslust auf Liebesbesuche versessen; wo ich immer einen liebeskranken Mann sah, gewährte ich ihm den Genuss der Wollust. Du gestattetest nur demjenigen Liebesgenuss, an dem dein Herz Gefallen fand; keinem Anderen gewährtest du ihn. Das war eben ein Mangel, den du dir zu Schulden kommen ließest. Gesteigert noch durch die eifrige Befolgung der Regel, dass man den Bedürftigen eine Gabe reichen solle, habe ich ein Wissen erlangt, welches in der Erinnerung an die frühere Existenz besteht; du aber hast, im Herzen ganz aufgehend in deiner Laune, infolge dieses Mangels zwar einen hervorragenden Genuss erlangt, aber kein besonderes Wissen von der (früheren) Wonne und Wohlfahrt. Die Andere hier endlich, unser Beider jüngere Schwester, hat, verschlungen von ihrer außerordentlichen Gattentreue, keinem Bedrückten den Liebesgenuss gewährt. Infolge dieser zahlreichen Versündigungen ist sie zu einer Hündin geworden. Wenn du also den Wunsch hegst, Śaśiprabhā, das unendliche, schwer zu befahrende Meer der Geburten glücklich zu durchsegeln, dann gewähre einem bedrückten Manne ebenfalls heimlichen Genuss. Dadurch wird dir ganz von selbst Wissen zu teil werden.‹ – Darauf sagte Śaśiprabhā: ›Ehrwürdige, erweise mir die Gnade, dass ich das außerordentlich schwer zu befahrende Meer des Daseins glücklich durchsegele: du bist unsere Schutzgottheit! Darum hole mir irgend einen Mann herbei, der dir vor Augen kommt, dessen Würde und Festigkeit vollständig durch den heftigen Anprall der Pfeile des Liebesgottes erschüttert ist.‹ – Nach diesen Worten warf sie sich der Länge nach vor ihr nieder. Nun brachte Yaśōdā am nächsten Tage ihren eigenen Sohn, der schon in den Beginn des Zustandes des Verscheidens zu kommen angefangen hatte, und benachrichtigte Śaśiprabhā mit den Worten: ›Ein Gast ist angekommen!‹ – Da überhäufte sie den angelangten Gast mit Höflichkeitsbezeugungen, die von Verehrung überflossen, indem ihr jener hochwillkommen war.

Wenn du also ebensolche Gewandtheit in der Anwendung von Listen wie die geschilderte zeigst, Prabhāvatī, dann richte deinen Sinn auf die Ausführung jenes wichtigen Vorhabens.«

So lautet die zweite Erzählung.

3

Wiederum nahm Prabhāvatī den Vogel zum Ziele für ihre Augen, indem sie ihn zu fragen wünschte. Darauf sagte der Vogel: »Herrin, wenn du im Stande bist, wie der Fürst Narōttama eine schwierige Frage zu lösen, dann magst du das in Angriff nehmen.« Da fragte Prabhāvatī nach dieser Geschichte: »Fürst der Vögel, dieses Abenteuer magst du erzählen!« – Nach diesen Worten erzählte der Papagei die ganze wunderbare Geschichte: »Es gibt eine Stadt mit Namen Viśālapura. Dort herrschte der Fürst Narōttama über die Erde. Unter der Regierung dieser Verkörperung des Skanda[29] lebte ein Kaufmann mit Namen Vimala, der hatte zwei Frauen: die eine war die in Lobliedern zu feiernde Rukmiṇī, und die andere hieß Sundarī. Als nun ein Betrüger, Kuṭila mit Namen, diese beiden, das Herz außerordentlich in Aufregung versetzenden Frauen erblickt hatte, ward ihm durch das Anprallen der zahlreichen Pfeile des Liebesgottes das nicht geringe Glück der Zufriedenheit geraubt; und in der Absicht, irgend ein ganz besonderes Mittel (zu deren Erlangung) zu finden, war er bestrebt, seine Herzensgottheit zu gewinnen, deren Sinn er durch die Mannigfaltigkeit seiner Kenntnisse und Gewandtheit in der Anwendung der Ausführung der sechzehn Arten der Anbetung in Erstaunen setzte. Nachdem dann Kuṭila sie leibhaftig hatte erscheinen machen, redete ihn die Gottheit an: ›Sprich aus, was du ersehnst!‹ – worauf er bat, dass sein Äußeres, versehen mit genau derselben Größe, Farbe, Alter und Schönheit des Leibes, allzumal wie das des Vimala, keine erkennbare Verschiedenheit betreffs des Einen oder Anderen aufweisen möchte. Als darauf die Gottheit gesagt hatte: ›So soll es sein!‹ – ging er am anderen Tage, unmittelbar nachdem er ein solches Äußeres bekommen hatte, nach dem Grundstücke des Vimala, von dem er wusste, dass er über Land gegangen war, und sagte zu dem Türhüter: ›Von heute an gewähre ich dir doppelten Lebensunterhalt und zum Schutze gegen die Kälte treffliche Decken dazu.‹ Dann, als er das gesagt hatte, fuhr er fort: ›Lass niemanden, der so aussieht wie ich, eintreten!‹ – Nach diesen Worten ging er in das Haus hinein, rief die mit zahlreichen Vorzügen der Schönheit u. s. w. ausgezeichneten Frauen herbei, verteilte unter die beiden Gattinnen weiße Gewänder

29 Im Texte Skandāvatārē statt Skandhā° zu lesen. Skanda ist der Heerführer der Götter.

und eine Menge Schmucksachen, sprach der Dienerschaft zu durch Darreichung von Gewändern und Essen und durch freundliche Worte, gewann sie alle für sich, genoss die ersehnten Genüsse, verrichtete besonders verdienstliche Werke, gab Spenden und lebte im Besitze eines reichen Glückes. Da sprachen seine beiden Gattinnen zusammen untereinander: ›Unser Gebieter war früher höchst ärgerlich sogar über die Verschwendung eines bloßen Otterköpfchens; jetzt aber lebt er dem Genusse, unter Spenden, Schwelgerei u. s. w., ohne nach dem wie und woher seines Reichtums zu fragen. Was sollen wir also da für eine Denkweise seines Sinnes annehmen? Ist ihm etwas Unerwünschtes zugestoßen, dass er unter Verzichtleistung auf seine sonstige Art und zur (?) Beseitigung einer drohenden Zukunft in seinem Sinne eine so bedeutende Veränderung zeigt?‹ – Nun drang die Kunde hiervon auch in den Bereich der Ohren des Vimala: der ließ alle seine Geschäfte liegen, kam verstörten Sinnes auf die Tür seines Grundstückes zugelaufen und wollte in die Tür eintreten; doch der Türhüter fasste ihn an der Kehle und schüttelte ihn hin und her, so dass er hinausstürzte, der echte Vimala. Da sagte er, sich an dem Riegel festhaltend, zu den Türstehern: ›Ich bin der Herr dieses Besitztums; warum lasst ihr mich nicht eintreten?‹ – Darauf entgegnete der Türsteher: ›Der Herr befindet sich in dem Hause; du packe dich!‹ – Mit diesen Worten trieb er ihn weg. Da meldete es der echte Vimala nun einstweilen dem Könige: ›Majestät, Großkönig, nach meinem Hause ist irgend ein Betrüger gegangen, dort eingedrungen und sitzt nun dort fest. Mein ganzes Vermögen bringt er durch maßlose Verschwendung unter! Wie daher die Entscheidung über mich sei, vor dir ist sie zu treffen. Denn man sagt:

> Die Stärke des Toren ist die Schweigsamkeit, die Stärke des Diebes ist die Lüge; die Stärke des Schwachen ist der König, die Stärke des Kindes ist das Weinen.

Aus diesem Grunde ist der Herr mein Zufluchtsort.‹ – Da sandte der Erdherrscher Männer ab, um den falschen Vimala herbeizuholen. Als da dieser merkte, dass ein Befehl dieses Fürsten an ihn ergangen sei, nahm er Perlen, Kleinodien und Gewänder, wie sie vorher nie bekannt gewesen waren, um sie dem Könige bei der Audienz zu überreichen. Und so heißt es:

> Mit leerer Hand soll man nicht kommen zu dem Könige, dem Gotte, dem Lehrer, dem Zeichendeuter und ebenso dem Freunde: mit der Frucht deute man hin auf eine Frucht als Gegengabe.

So trat er vor den König. Da ward er von diesem angeredet: ›Warum verschwendest du das Besitztum dieses Mannes?‹ – Als der unechte Vimala das gehört hatte, ließ er seine Stimme erschallen: ›Das ist mein Vermögen; der da ist ein Räuber!‹ – Ebenso äußerte sich auch der echte Vimala. Unter solchen Umständen entstand für den König eine außerordentliche Menge von Zweifeln: alle beide waren sich gleich, und niemand vermochte die Unechtheit des einen zum Verständnis zu bringen.

Nun, Prabhāvatī, magst du überlegen: wie näherte er sich dem höchsten Grade (von Klugheit), welcher die Fällung des Urteils ermöglichte?« – Als Prabhāvatī das gehört hatte, versenkte sie sich in die Betätigung ihrer Gewandtheit im Überlegen, welche sich in ihrer Klugheit entfaltete, worüber sie die Nacht hinbrachte; aber trotzdem spiegelte sich darauf die Entscheidung darüber in dem Spiegel ihres Verstandes nicht wieder. So wurde am Morgen der Vogel gefragt, der denn zu Prabhāvatī sagte: »Da ließ der Erdherrscher die beiden Frauen des Vimala kommen und fragte sie: ›Was für Schmucksachen hat euer Gatte an eurem Hochzeitstage für euch besorgt?‹ – Als er dann ihre Aussagen vernommen hatte, ließ er auch die beiden Vimala einzeln antreten und fragte sie nach dem eben Gesagten. Jene Aussage war da gleichlautend mit dem Worte des

Absender

Name, Vorname

Straße, Nr.

Plz, Ort

Telefonnummer*

Faxnummer*

E-Mail*

Unterschrift

*freiwillige Angabe

Für Ihre schnelle Anfrage:
info@verlagshaus-roemerweg.de

Bitte
ausreichend
frankieren

Rückantwort

Verlagshaus Römerweg GmbH
Römerweg 10
D-65187 Wiesbaden

echten Vimala. Als der Fürst das gehört hatte, erwies er dem echten Vimala Ehren und entsandte ihn in sein Haus; dem falschen Vimala aber zürnte er und brachte ihn in die Lage, in welcher der echte Vimala eben noch gewesen war.

Darum, Prabhāvatī, magst du jenes ganz vorzügliche Vorhaben ausführen, wenn du bei Entscheidungen u. s. w. über die Macht der Einsicht Herrin bist.«

So lautet die dritte Erzählung.

4

Wiederum redete Prabhāvatī, in dem Wunsche, zu dem Buhlen zu gehen, den besten unter den Vögeln an, und dieser sagte zu Prabhāvatī: »Wenn du im Stande bist, wie der Minister Bahusuta eine sich darbietende mühevolle Lage zu überstehen, dann mache dich auf den Weg.« – Sie antwortete: »Wie überstand der Minister Bahusuta eine mühevolle Lage? Erzähle das!« – Darauf schickte er sich an, auf diese Frage zu antworten: »In einer Stadt mit der Benennung Sōmapura wohnte ein Brahmane Sōmaśarman; der hatte eine Tochter, die wollte niemand heiraten, da sie am ganzen Körper mit unheilverheißenden Malen versehen war. So versäumte sie denn den Zeitpunkt des Heiratens. Da ging ihr Vater mit ihr nach mehreren verschiedenen Gegenden, um einen Freier für sie zu finden, aber niemand freite sie. Darauf kam er nach einem Orte namens Janakasthāna: hier lebte ein Bücherwurm namens Gōvinda, der in dem Kloster eifrig das Studium der Wissenschaften betrieb. Dem bot jener Sōmaśarman seine Tochter an; und Gōvinda führte sie auch wirklich heim, obwohl ihm viele abrieten; ihr Vater aber kehrte in seine Heimat zurück, nachdem er sie verheiratet hatte. Nun begann Gōvinda dort mit seiner Gattin zu leben; als aber (einige) Tage verflossen waren, sprach diese Frau zu Gōvinda: ›Seit du mich geheiratet hast, gibt es nirgends eine ordentliche feste oder flüssige Speise zu essen;

meine gewohnte Nahrung entbehrend muss ich vor Hunger sterben. Darum auf! Wir wollen in meines Vaters Haus gehen. Wenn wir dorthin gelangt sind, werden wir unseren Vater sehen; der Schwiegervater wird dich durch Darreichung von Kleidung u. s. w. ehren. Hier aber gibt es (gewiss) eine besondere Möglichkeit irgend welcher Art, uns unser Haus herbeizuschaffen. Und so sagt man:

> Wie kann man in einer Gegend wohnen, wo es keine Ehre gibt, keinen Erwerb, keine Verwandten, keine Möglichkeit, Wissen zu erlangen und kein Geld?
> Ihre Wohnstätte verlassen Löwen, treffliche Männer und Elefanten; an ein und derselben Stätte weilen Krähen, Feiglinge und Ziegen.‹

So sprach diese Frau; Gōvinda aber beherzigte es nicht, sondern entgegnete: ›Dieses Wort trifft ja die Wahrheit, aber den gar weiten Weg der Weltweisheit betritt es nicht! Kein Mensch soll sich in einer Gegend aufhalten, wo er nicht irgendwie tüchtig zu arbeiten hat. Aber gar Leute, die ihre Zuflucht bei dem Schwiegervater suchen, trifft in Wort und Schrift ganz besondere Verachtung. So sagt man:

> Die Besten sind berühmt durch ihr eigenes Geld, die Mittelmäßigen durch das Vermögen ihres Vaters; Niedrige sind berühmt durch das Geld ihres Onkels, ganz Gemeine durch das ihres Schwiegervaters.‹

Aber trotz dieser Worte des Gōvinda blieb sie doch bei ihrer bösen Hartnäckigkeit; ja, mit Gewalt wollte sie ihn hin zu ihrem Vater bringen. Da machte Gōvinda einen Reisewagen zurecht, beide stiegen auf und reisten ab.[30] Wie sie nun dahinfuhren, traf sie unterwegs ein gewisser Kēśava, der dieselbe Reise machte. Im Verlaufe des Weges begann Gōvinda eine würdige Unterhaltung und ließ ihn auch auf den Wagen steigen. Als

30 Konstruktion im Texte?!

nun Gōvinda unterwegs einmal von dem Wagen herabstieg, um sein Wasser zu lassen, trieb Kēśava, sobald er bemerkte, dass er abgestiegen sei, die beiden Stiere mit dem Stachelstocke zu schnellem Laufe an. Da war die Frau mit dem fremden Manne auf dem Wagen allein und fühlte Verlangen nach ihm: in dem ungestörten Zusammensein erwuchs zwischen den beiden eine ganz außerordentliche Liebe, die den Krug ihrer Herzen sprengte. Gōvinda, der ihnen nacheilte, näherte sich dem Wagen wieder und wollte als der rechtmäßige Liebhaber auf den Wagen steigen. Da schleuderte ihn Kēśava weg und stieß ihn beiseite: ›Wenn du uns nachläufst, werde ich dir Benehmen beibringen! Mein ist die Frau; mein ist der Wagen! Ich kenne dich nicht, du hergelaufener Wegelagerer! Warum willst du auf den Wagen steigen?‹ – So prahlte Kēśava, der doch nur aus Mitleiden mit auf den Wagen genommen worden war, mit einer Wut, die einem Caṇḍāla zugekommen wäre. In dieser Weise stritten sie nun beide; Gōvinda aber meldete es dem Fürsten. Da ging denn der Handel der beiden in Gegenwart des Herrschers los: der eine sagte, die gehört mir; der andere ebenso. Die dort in der Versammlung Sitzenden fragten die Frau: ›Wessen Gattin bist du?‹ – Sie nannte als ihren Gatten den Betrüger, ihren neugewonnenen Freund. Da blickte sie Gōvinda an und sprach: ›Diese Sünde spricht sie aus, weil sie im Herzen Verlangen nach ihm hat!‹ – Darauf sagte der Erdherrscher zu dem Minister: ›Du magst diesen Streit schlichten!‹

Nun, Prabhāvatī, zeige Einsicht und gib die Antwort an: durch welches Mittel wurde der Streit der beiden beigelegt?« – Da überlegte Prabhāvatī, aber sie konnte ihres Herzens Ungewissheit nicht beseitigen. Darauf fragte sie den Papagei und erweckte so in ihm das Verlangen, Antwort zu geben: »Da sprach der Minister zu jener Frau: ›Ihr seid doch beide aus eurer Behausung (zugleich) abgereist: was habt ihr denn da in der

Nacht gegessen?‹ – Eben dasselbe fragte er auch Gōvinda und Kēśava: da zeigte die Aussage des Gōvinda Übereinstimmung mit dem, was die Frau gesagt hatte; worauf der Minister Kēśava schmählich anließ und Gōvinda die Frau zuerkannte. – Prabhāvatī, wenn du solche Kraft der Einsicht zum Vorscheine bringst, dann magst du dies (dein Vorhaben) in Angriff nehmen.«

So lautet die vierte Erzählung.

5

Wiederum redete bei Anbruch der Nacht Prabhāvatī, die zu Vinayakandarpa gehen wollte, den Vogel darum an; und dieser sprach: »Wenn du das auf dir selber ruhende Vergehen kraft deiner Klugheit einem Andern zuzuschieben verstehst, wie Bālasarasvatī, dann munter!« – Prabhāvatī, welche die schlaue Tat der Bālasarasvatī gern hören wollte, richtete ihre Worte an den Papagei; und dieser ließ seine Stimme erschallen, um Prabhāvatī diese Geschichte wissen zu lassen: »Höre, Tochter des Kumuda! In Ujjayinī, der Stadt, die kraft der Fülle ihrer Vorzüge die drei Welten überragt, lebte der König Vikramārka, der die Macht der ihn angreifenden Feinde vernichtete und die meerumgürtete Erde in gehöriger Weise beherrschte. In allen Künsten erfahren war die Gemahlin dieses Erdherrschers, namens Kāmalikā: der erste Schössling am Lebensbaume der Bewunderung und Achtung seitens der in den Künsten Erfahrenen; eine wogende, bei der Heftigkeit der Umarmung in der Leidenschaft der Liebe entstehende Welle des Wohlgeruches, welche sich erhob in den wie Feuer um sich greifenden Liebeskämpfen und in der Unbeständigkeit ihrer häufigen Koketterien, welche an Menge ähnlich waren den nicht träge bei der starken Wollust sich ergießenden Wassertropfen; ihre Bemühungen galten der Belustigung, und sie galt als das Ziel der Wünsche der Verliebten. Diese nun rühmte in

Gegenwart des Erdherrschers laut ihre Gattentreue: ›Du bist der Gebieter über mein Leben! Unsere Leiber sind zwar in zwei getrennt, aber in seelischer Beziehung kann uns der Gedanke an dies Verhältnis der Zweiheit nicht trennen!‹ – Solche schönen Aussprüche ließ sie den Herrn der Völker hören; ihren trefflichsten Leib bot sie dar, dass der König ihn mit dem Siegel seiner Füße besiegelte; vor dem Essen breitete sie zu den Füßen des Gatten Basilienkraut nieder, einer frommen Gewohnheit folgend, welches der Familie das Glück einer edlen Gesinnung verleihen sollte. – An irgend einem Tage nun speisten der Herr der Erde und die erste Gemahlin an ein und demselben Tische. Da sagte der Fürst des Landes zu seiner Geliebten, die bei ihm die erste Stelle einnahm: ›Die Fische besitzen heute außerordentlichen, vorzüglichen Wohlgeschmack; warum machst du dir also keine zum Verspeisen zurecht?‹ – Darauf entgegnete sie: ›Herr, wie kannst du etwas so Ungereimtes sagen! Du denkst wohl nicht an diesen meinen Wandel, der mir durch das außerordentlich schwere Gelübde der Ehrbarkeit im höchsten Übermaße Ansehen verleiht! Außer dir, hochansehnlichem Herrn, der du mein Gatte geworden bist, kann ich ein anderes, mit einem männlichen Namen bezeichnete Wesen mit keinem Blicke streifen; nun gar genießen! Gott soll mich bewahren!‹ – Mit diesen Worten hielt sie sich die Ohren mit den Händen zu. Da lachte ein auf der Schüssel befindlicher Fisch, als er einen derartigen Ausspruch von ihr vernommen hatte. Über diesen Anblick geriet der Beherrscher der Erde in die äußerste Bestürzung; er erhob sich von seinem Platze, nahm seine Reinigung vermittelst Mund- und Gurgelwassers vor und kaute Betel. Am Morgen darauf begab sich der grenzenlos mächtige Vikramārka, nachdem er die Morgenandacht verrichtet hatte, in den Audienzsaal. Dort nahmen vor dem Fürsten viele Gelehrte Platz, gleichsam Schirmherren der Festung, die im Augenblicke des Angriffes im Stande waren, durch die Mannigfaltigkeit ihrer wohlgesetzten, auf ihre Klugheit gegründeten Worte im Kopfe der Gegner eine Niederlage anzurichten; die durch ihre Beredsamkeit das Sausen des Windes zu Schanden machten und in zahlreichen Vorzügen, wie Allwissenheit u. s. w., die Fülle ihres hohen Ansehens offenbarten. Diese fragte der König nach dem Grunde, weshalb die Fische gelacht hätten; da war niemand unter den Wissenden im Stande, jenes Lachen der Schlummerlosen zu deuten; und so verstummten sie nun. Der Fürst aber zürnte den Gelehrten allen: ›Ihr seid nun so viele Doktoren, Gelehrte, Hochwürden, Hauspriester und Staatsminister: wenn ihr aber hierbei euer Wissen nicht gründlich betätigen könnt, was habe ich dann von euch eigentlich für einen Nutzen? Darum sollt ihr mein Land verlassen!‹ – Und man sagt:

> Reinlichkeit bei der Krähe; Wahrhaftigkeit bei dem Spieler; Milde bei der Schlange; Aufhören des Liebestriebes bei den Frauen; Mut bei dem Eunuchen; philosophisches Denken bei dem Säufer und eines Königs Freund – wer hat das je gesehen oder gehört?

Darauf redeten sie alle zusammen den König an: ›Majestät, eine Frist von fünf Tagen sei uns gewährt, damit wir die Prüfung jener Sache vornehmen können; in fünf Tagen werden wir den Grund für das Lachen der Fische angeben.‹ – Mit diesem ihrem Vorschlage war der Herr der Erde einverstanden; die Versammlung wurde geschlossen und alle gingen in ihre Behausung. Von dem Dämon wilder Sorge besessen setzte sich der Minister nieder, sobald er sein Haus erreicht hatte. Da kam seine Tochter Bālasarasvatī zu ihm heran und sagte zu ihrem Vater: ›Väterchen, warum muss ich sehen, dass du, Herr, im Herzen in endlose Sorge versunken bist? Nenne mir doch den Grund dafür!‹ – Als sie so geredet hatte, sprach der Minister jedoch zu seinem Kinde: ›Du bist ein Mädchen: was geht dich diese Sorge an? Bleib du nur ruhig bei deinen Spielsachen sitzen!‹ – Als sie das gehört hatte, ließ sie ihre Rede vernehmen: ›Was spricht der Herr so? Man sagt ja:

Ein mit Klugheit geziertes Wort soll man auch von einem Kinde anhören, ein anderes wie Gras missachten, und wäre es auch von einem Brahmanen gesprochen.‹

Darauf schilderte er die Ursache (seiner Bestürzung). Als Bālasarasvatī das vernommen hatte, sprach sie: ›Väterchen, warum bist du über so etwas in übermäßiger, ununterbrochener Sorge? Ich selbst werde jenen Grund angeben!‹ – Da wurde der König benachrichtigt: ›Majestät, den Grund für das Lachen der Fische wird meine Tochter angeben!‹ – Als der Fürst das gehört hatte, sagte er: ›Bringe sie her!‹ – Damit ging der König hin und machte den Audienzsaal (durch seine Anwesenheit) erstrahlen. Dann wies der Herr der Kṣatriyas Bālasarasvatī einen Sitz an und fragte sie, worauf sie sich äußerte: ›Majestät, du bist allwissend und in der Gesamtheit aller Künste erfahren. Wenn also nach dieser Sache gefragt wird, dann gibt es niemanden, der hierbei in höherem Grade als du außerordentliche, gebührende Erfahrung zeigen könnte. Man hat gesagt:

Der Rosse Sprung, Donner im Frühjahr, Regenlosigkeit und zu viel Regen, der Weiber Sinnesart und des Mannes Geschick kennt kein Gott; wieviel weniger ein Mensch!

Dieser so beschaffene Wandel der Frauen kommt nicht einmal den Göttern zum klaren Verständnis: ein ganz verschlagener Kerl muss das sein, der ihre Sinnesart nicht für außerordentlich ansieht. So heißt es denn:

Des Liedes Sinn, des Manu Gesetzbuch, dein Charakter, Schönantlitzige, der Charakter der Weiber und die Māyā des Viṣṇu erregen immer wieder Staunen.

Du selbst magst jenen Fall wohl überlegen; niemand anders darfst du fragen; wer könnte das auch wünschen? Hierbei hältst du an einer Laune fest, bei der du übel beraten bist. Darum will ich einen Vers aufsagen; dessen Sinn beginne zu überdenken. Wenn du aber trotz des Überlegens seine Bedeutung nicht findest, dann werde ich selbst sie angeben. Also:

> Die Königin, die Hochgetreue, berührt nicht einmal diese gekochten Fische, weil sie einen männlichen Namen führen; darum, König, lachten die Fische; das ist gewiss.

Diesen Vers überlege erst mit gewandtem Geiste!‹ – Nach diesen Worten ging Bālasarasvatī in ihre Behausung.«

So lautet die fünfte Erzählung.

6

»Wiederum ließ der Fürst Bālasarasvatī kommen und fragte sie nach der Ursache der Heiterkeit der Fische. Auf diese Frage hin redete sie den Herrn der Allernährerin an: ›Aus dieser Ursache wird dir Kummer erwachsen. Er entstand der Gattin jenes Kaufmannes infolge ihrer Erkundigung nach der Herkunft der Brote; und ebenderselbe wird auch bei dir zum Vorschein gebracht werden.‹ – Da fragte also der König nach der Geschichte von der Herkunft der Brote, und Bālasarasvatī sprach: ›In der Stadt Jayantī wohnte ein Kaufmann mit Namen Sumati, dessen Frau hieß Padminī. Da ihm nun durch das Schicksal sein Schatz an verdienstlichen Werken vernichtet wurde und auch sein Vermögen verloren ging, fristete er sein Leben, indem er sich durch das Sammeln von Gras, Holz u. s. w. einen armseligen Bettelgroschen verdiente. So stand es mit ihm, als er eines Tages in den Wald ging, um eine Last Holz zu holen. An jenem Tage nun fand er, selbst im Walde, kein Holz und wollte daher, von Jammer erfasst, ohne Holz nach Hause gehen. Als er da sah, dass das Trugbild der Regenzeit, wobei sämtliche Weltgegenden in den wechselvollen Wasserwogen schwammen, vorüber sei, trat er in den nahen Tempel des Gaṇēśa, auf den er gestoßen war. Dort erholte er sich angesichts des Gaṇēśa; und da er die aus Holz gezimmerte Bildsäule desselben erblickte, freute er sich in seinem Herzen über diesen Anblick: Durch die Holzbürde von dieser Gaṇēśa-Bildsäule kann ich mir für heute den Lebensunterhalt für die Familie verschaffen! Das ist ja für mich ein Wink des Schicksals! – Mit diesen Worten ergriff er die Axt und holte aus: da sprach Gaṇēśa zu dem Kaufmann, als er eben zuschlagen wollte: Ha, Gewalttätiger, Verworfenster, was hast du vor?! – Jener antwortete: Ich will das Holz deiner Bildsäule zerhacken, daraus eine Bürde machen und es verkaufen. Mit dem Erlöse dafür kann ich dann für heute meiner Familie Lebensmittel verschaffen. – Nach diesen Worten sagte Gaṇapati zu jenem: Da ich deine außerordentliche Not sehe, will ich dir eine Gnade erweisen.

Komm täglich früh morgens her; hier vor mir werden fünf Brote mit Schmelzbutter und Sandzucker liegen; die nimm und gehe. Sie werden genügen, deine ganze Familie zu sättigen und hinreichen, auch noch an Andere davon abzugeben. Aber wenn du das jemand anders erzählst, dann gibt es nichts mehr. – Solche Bedingungen legte das Wort des Pāulastya jenem auf. Nachdem aber Sumati sich damit einverstanden erklärt hatte, ging er nach seiner Wohnung. Seine Frau, die ihn ohne Holz kommen sah, rief ihm eifernd zu: Warum hast du heute keine Bürde Holz mitgebracht? Wie sollen wir da heute Essen bereiten? – Darauf entgegnete er: Bringe heute den Tag auf irgend eine Weise hin, durch Selbstbeherrschung oder Besuch und Verkehr mit teuren Personen; von morgen an wirst du in der Lage sein, sogar anderen abzugeben und wirst den Leuten gegenüber stolz sein über diese Fülle der Ernte. – Als der Kaufmann dann merkte, dass der Tag angebrochen sei, ging er in den mit lauterem Stucco bekleideten Tempel des Oberherrn der Scharen und erblickte mit seinen Augen wirklich fünf mit Sandzucker und Schmelzbutter reichlich versehene Brote vor dem Gotte liegen, der sehr geschickt im Bereiten und Zunichtemachen von Hindernissen ist und die drei Welten in einen außerordentlich lauten Freuden- und Wonnetaumel versetzt. – Er nahm sie, kehrte nach Hause zurück und händigte sie der Hausfrau als Zierde für ihre Hand ein. Da hatte er nun samt seiner Familie die Möglichkeit vollständigster Sättigung erlangt; auf diese Weise lebte er beseligt und brachte seine Zeit hin, indem er das Übermaß (des Glückes) dieser bedeutenden Umwandlung genoss. – Nun (sagte eines Tages die Freundin der Padminī, Mandōdarī mit Namen, zu dieser:) Früher sah ich, wie eure Tage, gekennzeichnet durch außerordentliche Mühsal und Not, hingingen; jetzt zeigst du die größte Seelenruhe, und ich merke, dass ihr alle glücklich seid, unaufhörlich beschäftigt mit der Annehmlichkeit des Schmückens des Leibes, ohne eine besondere Arbeit vorzunehmen und das Herz aufgehend in dem großen Glücke höchster Wonne. Früher wart ihr in übler Lage, der die Armut ihr Siegel aufdrückte; jetzt jedoch ist das nicht mehr so: was ist der Grund hiervon? – Ihr entgegnete auf diese Worte Padminī: Mein Mann bringt Opferbrote; durch deren Genuss geht es uns gut. Wo er sie aber herholt, kann ich nicht in Erfahrung bringen. – Darauf ließ Mandōdarī ihre Stimme erschallen: Da musst du eben deinen Mann fragen, wo er diese Brote herholt! – Als nun Padminī mit solchen Worten eine Frage gestellt bekommen hatte, drang sie in ihren Gatten: Woher kommen doch diese Brote? Erzähle alles offen in meiner Gegenwart, was du mir noch nicht erzählt hast! – Als der Kaufmann das gehört hatte, schickte er sich zum Sprechen an, um darauf eine Gegenantwort zu geben: Was beabsichtigst du mit dieser törichten, koketten Anklammerung an eine Laune? Wenn du den Sachverhalt erfährst, was für eine Förderung des Wohlergehens ist das dann? Wenn der höchste Gott gnädig ist, wird alles, worauf man wartet, mühelos gewährt und gereicht uns zum Segen; wie man denn sagt:

Der Feind wird zum Freunde, Gift wird zuträglich, Unrecht wird Recht, wenn Jagannātha[31] gnädig gesinnt ist; ist er aber ungnädig, dann geschieht das Umgekehrte.

Darum sei du nicht so hartnäckig darauf versessen, das erfahren zu wollen; sei ruhig! – So von ihm zurechtgewiesen verhielt sie sich ganz schweigsam. Als sie am Morgen darauf sich vom Lager erhoben hatte, wurde sie abermals von Mandōdarī angeredet: Nun, werde ich durch dich erfahren, woher die Brote kommen oder nicht? – Als Padminī das gehört hatte, berichtete sie von dem Vorgange, der sich in der Nacht zugetragen hatte. Sobald Mandōdarī das vernahm, ließ sie die Äußerung folgender Worte aus ihrem Leibe entströmen: Die Frau, welche eine Sache erfahren möchte, aber von dem Treiben ihres Gatten nichts erkundigen kann, die ist weit davon entfernt, dem Gatten teuer zu sein; ihr Leben ist für ihren Mann nutzlos. (??) So möge doch auch dein Leben in Flammen aufgehen! – Padminī entgegnete hierauf: Ich werde durch Ausfragen über das Geheimnis des Mannes Licht verbreiten und es dir dann mitteilen. – Darauf drang sie in der Nacht in ihren Gatten; und als dieser das hörte, antwortete er: Verworfene, was hast du solche Eile, das Gedeihen der Wohlfahrt des Gatten zu verbrennen? Verhalte dich ruhig! – Trotz dieser seiner Worte blieb sie bei ihrer Hartnäckigkeit: Wenn du mir das mitteilst, woher die Brote kommen, dann werde ich am Leben bleiben; sonst nicht! – So von dem Dämon ihrer Hartnäckigkeit an der Kehle gepackt, erzählte er ihr die Geschichte; und sie berichtete es der Nachbarin. Diese gab ihrem Manne eine Axt auf die Schulter, damit er es auch so machen und das Holz an der Bildsäule des Gaṇēśa (wie Sumati) zerhacken sollte und sandte ihren Eheherrn nach dem Tempel desselben: Auf die Weise wird dir der Sohn des Herrn der Tiere[32] ebenfalls täglich gelobte

31 »Beschützer der Welt«, Viṣṇu-Kṛṣṇa.

32 Gaṇēśa als Sohn des Śiva.

Brote zuerteilen! – Als er das vernommen hatte, gelangte er, begleitet von Sumati, in die Wohnstätte des Vināyaka[33]. Da band sie Lambōdara[34] mit Fesseln, was einem Aufhängen gleich kam, nachdem er gemerkt hatte, dass ihre Absicht in dem Plane, reden zu wollen, bestände; und unsichtbare Hiebe hagelten auf ihre Leiber nieder. Als er ihnen so die Lust zu leben genommen hatte, sprach Vighnanāśana[35] zu Sumati: Ha, du Schwachkopf, ich hatte dir einst verboten, in jemandes Gegenwart davon zu sprechen: warum hast du es doch erzählt? – Als er das gehört hatte, antwortete er Gaṇēśa: Was habe ich mich an dich gewandt? Infolge der unendlichen Vergehen in den früheren Existenzen (ist all mein Tun und Treiben vergeblich).«

Darum, Großfürst der Erde, wird es dir ebenso ergehen, wenn du darnach forschst.«

So lautet die sechste Erzählung.

7

»Wiederum ließ Vikramāditya[36], dessen Gebot von einer Schaar von Königen geachtet wurde, frühmorgens Bālasarasvatī holen und fragte sie, warum die Fische gelacht hätten. Sie sprach: ›Majestät, wie es Kēśava mit dem Zauberstabe ging, ebenso wird es dir auch ergehen!‹ – ›Berichte die Geschichte von Kēśava!‹ – Also angeredet sprach sie zu dem Könige: ›Es gibt eine Stadt namens Śrīpura; dort wohnte ein Brahmane, Kēśava, der war endlos arm. Als er nun einstmals sich aus seiner Wohnstätte entfernen wollte, machte er einen großen Büßer zum Gaste seiner Augen. Auf diesen trat er zu, wie er da auf seinem Sitze saß und bald nach jener, bald nach dieser Ge-

33 Gaṇēśa als Sohn des Śiva.
34 Gaṇēśa als Sohn des Śiva.
35 Gaṇēśa als Sohn des Śiva.
36 Derselbe Name wie Vikramārka.

gend blickte, und blieb nur einen Augenblick stehen. Da sagte jener: Wenn irgend ein Gast unsere Augen durch die Gewährung seines Anblickes erfreuen möchte, werde ich ihm all sein Wünschen ungeschmälert erfüllen, indem ich es zur Wirklichkeit mache. – Als der Hochgemute so gesprochen hatte, sagte jener Kēśava, der ganz in der Nähe stand, das Trachten des Herzens auf Begehrlichkeit gerichtet, zu dem Hochgemuten: Ich stehe als Gast hier! – Da der Hochgemute aus dem besonderen Zusammenhange die Bedrängnis jenes aus dessen Worten entnehmen konnte, … sprach er zu jenem, der nach dem Lebenselemente Geld verlangte: Nimm diesen Zauberstab, der deine Wünsche erfüllen wird. Tag für Tag wird er dir fünfhundert Goldstücke geben. Wenn du aber diese Geschichte vor anderer Leute Ohr bringst, dann wird mein Zauberstab wieder in meine Hände gelangen, und dir wird gar kein Genuss mehr zuteilwerden. – Da nahm der Brahmane den Zauberstock und entfernte sich, worauf er in seine Stadt zurückkehrte, deren Ursprung so wohlbekannt ist. Nun war da eine Hetäre, die leibhaftige, werktätige Schöpferin und Vernichterin der hohen Wogen des Meeres der Liebe; eine Welle unbegrenzter Wonne für die Verliebten, die oberste Priesterin des dritten Lebenszieles, namens Vilāsavatī. Da ging er hin, lebte mit ihr, spendete, verschaffte sich Genüsse u. s. w. für das Geld, welches der Zauberstab lieferte und kostete Tag für Tag die höchste Wonne, indem er das Glück höchster Herrlichkeit gleich dem mächtigen Indra genoss. Eines Tages nun befragte die alte Mutter der Vilāsavatī ihre Tochter folgendermaßen: Du, dieser Kēśava betreibt kein durch irgend eine besondere Arbeit gekennzeichnetes Geschäft; man sieht ihn immer nur allein: woher bekommt er also das viele Geld? Danach musst du ihn hartnäckig fragen. – Da fragte Vilāsavatī während der Nacht den Kēśava nach der Herkunft seines Geldes; aber Kēśava gab darauf keine Antwort. Da machte die an verliebter Koketterie Reiche, dass er durch Gewährung außerordentlicher Genüsse von den Wogen der Leidenschaft umarmt ward; dass sein Herz erschlaffte, durch die wechselvolle Art ihres Angriffes, der als Panzer die aus den ununterbrochenen, gewaltigen Leidenschaftswogen des unendlichen Meeres der Liebe erstehende Schaffung der Wonne trug; dass er erschöpft wurde durch den fortwährend dauernden Genuss und ledig des Bewusstseins der übrigen Sinnenwelt; und während in ihrer Gier nach dem Golde alle übrigen ihr sonst geläufigen Beschäftigungen ruhten, fragte sie ihn nach jener Herkunft (des Geldes). Von dem Liebesgotte überwältigt nannte er da den Zauberstab als die Quelle alles seines Geldes. Darauf stahl ihm die Kupplerin jenen Zauberstab: dieser entschwand aber von jener Stelle und kehrte zu dem Zauberer zurück. Da es sich nun zeigte, dass Kēśava kein Geld mehr bekam, warf ihn die Kupplerin hinaus, sobald sie merkte, dass er ohne Mittel sei. Nun zeigte Kēśava das dem Könige an: Majestät, meinen Zauberstab, der mir Tag für Tag fünfhundert Goldstücke gab, hat die Kupplerin gestohlen! – Da ließ der Erdherrscher die Vilāsavatī samt ihrer Kupplerin kommen und sprach: Ihr beide habt hier diesem Brahmanen seinen Zauberstab gestohlen; den gebt ihm als sein Eigentum wieder! – Darauf ließ die Kupplerin ihre Stimme erschallen: Majestät, der Geist dieses Brahmanen ist von Irrsinn umfangen, und all das Geld von seinem Vater ist dahin; jetzt hat er nicht einen Pfennig Geld mehr in der Tasche. Daher verbot ich ihm, in die Nähe des Hauses zu kommen und lasse ihn nicht einmal an die Türe herantreten. Aus diesem Grunde ist seine Besessenheit entstanden, die er dem Liebesgotte verdankt. Jetzt spricht er, was ihm in den Mund kommt; und während er tut, als schämte er sich, gleichsam als wäre er todsterbenskrank, ist er in Wirklichkeit Tag und Nacht ohne jedes Schamgefühl. – Als die in der Versammlung Sitzenden diese ihre Worte vernommen hatten, waren sie alle überzeugt, dass sich alles so verhielte; und es war das allen aus dem Herzen gesprochen. Alle zürnten dem Kēśava; der König aber ließ ihn von den Leuten aus seinem Reiche schaffen.

Darum König, wird es dir auch so ergehen, wenn du nach jenem Grunde fragst. Denke über den Sinn des Verses nach!‹ – Nach diesen Worten entfernte sie sich.«

So lautet die siebente Erzählung.

8

»Der Fürst ließ Bālasarasvatī in seine Nähe bringen und sprach, da er mit der Frage nach dem Lachen der Fische in sie dringen wollte: ›Bālasarasvatī, antworte doch durch Aneinanderreihen der Worte auf die bewusste Frage!‹ – Als die Tochter des Ministers das vernommen hatte, gab sie das Wort zur Antwort: ›Majestät, wenn du die Ursache jenes Lachens gehört hast, (wird es dir ergehen), wie es eines Kaufmannes Frau erging: das schöne Haus von den Flammen der Feuersbrunst vernichtet, und die Zusammenkunft mit dem ersehnten Mann nicht zustande gekommen!‹ – ›Wie ging das zu?‹ – Auf dieses Wort des Königs hin machte Bālasarasvatī in der Absicht, diese Geschichte zu erzählen, ihre Sprache zur Tänzerin auf dem Theater ihrer Zunge: ›Es gibt eine Stadt namens Śaṅkhapura; dort beherrschte ein Erdherrscher mit Namen Trivikrama, der durch seine Macht das ganze Gebiet der Erde erfüllte, das Erdenrund. In dieser Stadt wohnte ein herzgewinnender Kaufmann mit Namen Ratnadatta; dessen Eheliebste, Sāubhāgyavatī, war unaufhörlich auf fremde Männer versessen. Als die Wächter des Hauses da merkten, dass es so um sie stand, ließen sie sie nicht mehr ausgehen. Da sagte sie zu ihrer Busenfreundin: Lass heute in der Abendzeit meinen Buhlen in einem beliebigen Göttertempel warten, bis ich komme. Dann will ich unser Haus in Brand stecken; inmitten des Lärmens und der Verwirrung infolge dieses Feuers werde ich ungesehener Weise und ungehemmten Fußes seine Nähe verschönern; und wenn ich zurückkomme, nachdem ich in der Gesellschaft dessen geweilt habe, nach welchem ich Sehnsucht empfinde, mit den Wogen heftiger Wollust im Leibe und der Körper voller Erregung – werden die Leute damit beschäftigt sein, die Feuersnot zu beseitigen, so dass niemand mein Gehen und Kommen bemerken wird. – Nachdem sie ihrer Freundin diesen Auftrag gegeben hatte, machte sie darauf am Abend ihr Haus zu einem Futter für den Verzehrer des Opfers und begab sich selbst nach dem Tempel der Gottheit. – Während sie nun nach diesem Platze ihres Stelldicheins ging, wollte der dort weilende Buhle die in der Stadt entstandene Feuersbrunst sehen und entfernte sich, um sich die Geschichte anzuschauen. Da sie an den leeren, von dem Liebhaber verlassenen Ort kam, drehte sie um und begab sich wieder nach ihrer Wohnung: inzwischen war aber ihr Haus verbrannt: das blieb ihr allein davon übrig! Da dämmerte es in ihrem Geiste: Ich jagte zwei Dingen nach; aber von diesen beiden hat nicht ein einziges mir einen Erfolg gebracht. Das Haus ist in Flammen aufgegangen, und ebenso habe ich meinen Buhlen nicht getroffen! –

Darum wird dir infolge dieser deiner Neugierde ebensolcher fragwürdiger Ruhm erwachsen!‹ – Nachdem Bālasarasvatī so gesprochen und sein hartnäckiges Fragen gestraft hatte, begab sie sich in ihr Haus.«

So lautet die achte Erzählung.

9

»Am folgenden Tage nun redete der Gebieter der Erde, da er den Sinn des Verses nicht fand, Bālasarasvatī an: ›Mache mein Herz durch wahrheitsgemäße Darstellung klarsehend!‹ – Nach diesen Worten sagte sie, die das Wissen ergründet hatte, zu ihm: ›König, wenn ich jenen Sachverhalt mitgeteilt habe, so wird, wie es einst dem Töpfer Raṇabāhubala infolge seiner wahrheitsgetreuen Erzählung erging, Vernichtung des ruhigen Lebens und ebensolcher Zustand wie bei diesem Töpfer erfolgen, ohne dir einen Nutzen einzubringen.‹ – Nachdem er aus diesen warnenden Worten das Passende hatte ersehen können, entgegnete er der Tochter des Ministers, er, der unerfahren war in der Kenntnis der vielen Fälle wandelbaren Glückes (?), um sich selbst belehren zu lassen: ›Erzähle dieses Abenteuer!‹ – Nach diesen Worten sagte Bālasarasvatī: ›Es gibt einen Flecken Kollāpura; dort wohnte ein unter dem Namen Raṇabāhubala bekannter Töpfer, der Schulze des Ortes. Dieser hatte eines Tages Schüsseln und Pfannen verfertigt; und als er darauf in der Absicht, das Bestellte zu überbringen, eiligen Schrittes sich auf den Weg machte, stolperte er mit dem Fuße und fiel hin. Indem er nun einen schweren Fall tat und mit der Stirnfläche auf die Scherben aufschlug, welche von den Krügen auf dem Erdboden herumlagen, erschien er wie von einem scharfen Schwerthiebe getroffen. Er lief überall herausfordernd umher und spielte den ungeheuren Betrug, dass vor ihm die Panzer der durch Stärke ausgezeichneten Leiber der Heeresmengen feindlicher Fürsten am Halse zersprängen, indem diese von den außerordentlichen Todesschwertern zerstückelt würden und in den Genuss nicht gewöhnlichen Missgeschicks kämen, wie es sich in einem ungleichen Kampfe darböte, der sich unter dem Fliegen von hunderten von spitzen Waffen abspielte. Auf diese Weise brachte er es dahin, dass die an Helden schon reiche Erde (durch ihn gleichsam erst recht) zur Heldengebärerin wurde[37].

So verließ er nun nach vielen Tagen seine bisher bewohnte, angestammte Wohnung, begab sich nach einem anderen Orte, machte den dortigen, weitberühmten Herrn der Erde zum Gaste seiner Augen und nannte in seiner Gegenwart, ein

37 Im Texte abzutrennen sa vīrasūṃ.

Schwert in der Hand, seinen Namen Raṇabāhubala. Als der König dort auf seiner Stirn den mächtigen, von einem furchtbaren Schwerte herrührenden Hieb erblickt hatte, sagte er zu seiner Umgebung: Das ist ein gar trefflicher Kämpe von weitberühmter Macht, dessen Persönlichkeit von den Leuten zu preisen ist wegen des Hiebes, der seine Stirnplatte ziert; der an der Spitze der Götter schreitet und den mein Glücksstern herbeigeführt hat. – Nach diesen Worten hieß er ihn willkommen, erfreute ihn höchlichst durch Ehrerweisungen u. s. w. und ließ ihn an seinem Tische essen. Auf diese Weise ward er der Angesehenste unter den dort befindlichen Ehrwürdigen; und das ganze Gefolge fürchtete ihn, weil der König ihn hochhielt. Da er nun so in dessen Nähe weilte, fragte der Herr der Erde ihn eines Tages: He, Bāhubaladēva, du von den Fußsohlen von sechsunddreißig Königen Gekennzeichneter, zu wessen Geschlechte in der hochansehnlichen Welt der Krieger gehörst du, Herr? Und in welcher Schlacht zierte dieser Hieb deine Stirn, der den Gedanken an furchtbare Kämpfe wachruft? Dieses Abenteuer lass mich hören! – Als er diesen Befehl des Fürsten erhalten hatte, sprach er zu ihm: Großkönig, du bist der leibhaftige Viṣṇu: deshalb bedeuten lügnerische Aussagen vor dir eine Menge nicht geringer Sünden. Ich bin also von Geburt ein Töpfer; niemals habe ich eine Schlacht mit meinen Augen gesehen. Als ich einst mit Töpfen beladen dahineilte, um sie rechtzeitig zu überbringen, glitt mein Fuß aus, und ich fiel hin. Da nun meine Stirn durch ein auf der Erde liegendes Scherbenstück aufgerissen worden war, zog ich nun überall umher und erweckte den Schein, als rührte das von einem Schwerthiebe her. Bei einem Kampfe habe ich noch nie zugesehen; selbst nicht im Spiele. – Als der Fürst das gehört hatte, stand er da, wie auf einem Gemälde abgebildet, das Herz getroffen von der Fülle des Überraschenden. Darauf ward der Töpfer an der Kehle gepackt und hinausgeworfen.

Darum, du Gebieter über viele Wesen, soll man am rechten Orte die Wahrheit sagen, manchmal aber auch die Unwahrheit. Durch äußerstes Festhalten an einer Hartnäckigkeit ergibt sich bisweilen außerordentlich zweifelhafter Gewinn! Denke über den Sinn des Verses nach!‹ – Nach diesen Worten ging Bālasarasvatī in ihre Wohnung.«

So lautet die neunte Erzählung.

10

»Darauf bewirkte er wiederum, dass Bālasarasvatī in seiner Nähe Platz nahm und brachte sie dahin, auf seine Frage nach der Ursache des Lachens der Fische zu antworten. Bālasarasvatī begann, nachdem sie das gehört hatte: ›Majestät, warum fragst du so eifrig danach, indem du mit vieler Hartnäckigkeit danach forschst? Trotz meines Abratens lässt du nicht von deiner Hartnäckigkeit! Wie der Esel später gewaltiges Missgeschick erfuhr, gerade so wird es dir auch ergehen.‹ – Darauf sprach der Herrscher, der dies erfahren wollte, zu der Tochter des Ministers: ›Wie war dieses Abenteuer?‹ – Sie befriedigte den Herrn der Erde durch die Mitteilung desselben: ›So höre, Herr der Erde! Es gibt eine Stadt mit Namen Pratiṣṭhāna. Dort hatte ein Kranzwinder einen Garten, in welchem sehr viele Gurkenfrüchte wuchsen. Nun kam in der Nacht ein Schakal und verzehrte Tag für Tag die im Garten befindlichen Früchte; der Kranzwinder wachte alle Nächte gar sorgsam, aber er fasste ihn nicht. Eines Tages nun ging der Schakal, nachdem er die Früchte aufgesucht und sich gründlichst gesättigt hatte, an die Gaṅgā, um Wasser zu trinken, da er heftigen Durst verspürte. Als er Wasser getrunken hatte, blieb er einen Augenblick an dem Ufer des Flusses stehen und sah einen außerordentlich abgehungerten Esel eines Wäschers im Grase weiden. Da der Schakal bemerkte, dass dessen Glieder nur noch aus Knochen bestanden, sprach er: Onkel, warum ist dein Leib so abgemagert? – Als der Esel das gehört hatte, antwortete er: Was soll ich sagen, Neffe? Mein Sohn, der Wäscher, hält Tag und Nacht das Mitleiden zurück, bürdet mir eine ganz ungehörige Last Wäsche auf und gibt mir nachts kein Futter. So muss ich am Tage diese dūrvā[38]-Schösslinge kauen; infolge dessen stehe ich da, das Herz vergehend vor Hunger. Aus diesem Grunde ist mein Leib abgemagert; sonst habe ich keinen Leidensstoß weiter auszuhalten. Und so sagt man:

> Nichts peinigt den Leib mehr als Hunger, nichts verzehrt den Leib mehr als Sorgen, nichts schmückt den Leib mehr als Wissen, nichts schützt den Leib mehr als Geduld.

Darum sorge dafür, Neffe, dass ich irgendwo etwas zu essen bekomme. – Darauf entgegnete der Schakal: Ich werde dir Nahrung nachweisen; aber du darfst darüber, dass dein Leib voll wird, keinen Iah-Schrei erschallen lassen. Sonst wird jener Kranzwinder durch den Schall geleitet den Weg zu uns finden und auch mich mit dem Knüppel prügeln; und du wirst ebenfalls, am Leibe durch hundertfache Prügel zerwalkt, noch mehr Schmerzen haben (als jetzt). – Da vermaß sich der Esel hoch und teuer: Selbst wenn mein Leib voll ist, will ich keinen Iah-Schrei ausstoßen. Darauf gebe ich hiermit mein Wort. – Nachdem er so gesprochen hatte, ging der Schakal unter einem außerordentlichen, hin und her wogenden Wortschwalle, der seine Erfahrenheit und sein überaus heftiges Ungestüm bekunden sollte, und im Rücken gefolgt von dem Esel, nach dem Acker in der Nähe des Gurkenfeldes. Dann, zur Abendzeit, als die Welt dunkel wie ein Tamāla[39]-Baum geworden war, gingen Beide in das Feld hinein und verzehrten die Gurkenfrüchte; der Esel aber riss, wenn er eine Gurke gefressen hatte, auch die ganze Pflanze mit heraus. Da nun so sein Bauch gefüllt ward, ließ er darüber auch sein Iahen hören. Nun ging

38 Panicum dactylon; (dt. Hundszahngras – Anm. d. Red.)
39 Xanthochymus pictoreus.

dort der Kranzwinder hin und her, um zu hüten: der kam jetzt eiligen Laufes an die durch den Schrei gekennzeichnete Stelle. Der Schakal entfloh und begab sich dahin, wohin er wollte; den Esel aber fasste jener und erreichte durch Knüppelschläge, dass alle in seinem Leibe befindlichen Muskeln und Knochen in hundert Stücke zerschlagen wurden. Als er ihn für tot hielt, ließ er von ihm ab. Da blieb ihm das Schreien in der Kehle stecken, indem sein Leib von dem harten Holze zerprügelt worden war. Unter großen Schmerzen dahin wankend, ächzend, die höchste Qual empfindend, Vorder- und Hinterfüße zerschlagen, entfernte er sich langsam; einem Toten ähnlich infolge des Bearbeitens mit dem Holze ging er hin, wo es möglich war, das Zittern des Halses zu heilen, und erblickte unterwegs den Schakal, der zu ihm sprach: Du hast auf mein Wort nicht hören wollen und, als dein Bauch voll war, dein Geschrei ausgestoßen: für dieses Schreien hast du Eifriger nun diesen handgreiflichen Lohn bekommen.

Ich habe dich vielfach ermahnt, Onkel, ja keinen Laut auszustoßen: da hast du nun diese nette Bescherung am Halse! Was hast du also für Gewinn von deinem Schreien?

Nun hast du begonnen, es zu bereuen: Ich habe dein Verbot nicht beachtet und nun dafür solchen Lohn geerntet! –

Darum, Fürst der Könige, wird es dir ebenso ergehen, wenn du immer wieder jene Frage stellst. Sei ruhig und denke daran, mit außerordentlicher Gewandtheit die Prüfung des Sinnes jenes Verses vorzunehmen.‹ – Nach diesen Worten begab sich Bālasarasvatī in ihre Behausung.

So lautet die zehnte Erzählung.

11

Wiederum wandte sich Prabhāvatī in dem Wunsche, zu dem Platze des Stelldicheins mit Vinayakandarpa zu gelangen, an den Papagei, worauf dieser seine Stimme erschallen ließ:

»Nenne den Sinn des Verses, Gebieterin!« – Eben danach fragte sie ihn; da nahm der Vogel sie zum Ziele seiner Worte: »Bei Tagesanbruch erkundigte sich der Herr der Erde bei Bālasarasvatī nach der Grundursache des Zutagetretens des Lachens der Fische; und sie erwiderte dem Könige: ›Fürst, warum richtest du deine Gedanken auf dieses Übermaß? Verständige denken nicht an besondere Wünsche, die Unmögliches erzielen; und wenn jemand ein Werk vollbringen will, welches einem anderen zukommt, dann trifft ihn unaufhörlich Leid in Fülle. Einen Esel, der die Absicht hatte, etwas ihm nicht Zukommendes auszuführen, traf schmerzliche Reue. So wird es dir auch ergehen.‹ – Da fragte die Freude der Erde sie nach dieser Begebenheit, und jene sprach: ›Höre, du an preiswürdigen Tugenden Reichster. In einer Stadt mit Namen Kalyāṇa hatte ein Wäscher Namens Śvāparatya eine zweite Frau als sein eigen heimgeführt, dass sie seine Gattin wäre. Bei dieser Gelegenheit drang ein Räuber in sein Haus, nachdem er gesehen hatte, dass die Tätigkeit der Sinne aller in dem Hause befindlichen, von den hochzeitlichen Vergnügungen ermüdeten Leute vom Schlafe eingeschläfert war. Da sah der Esel den an der Tür weilenden Hund an und sprach zu ihm: He, Hund, ein Räuber steht im Begriffe, in das Haus einzudringen, nachdem er ein Loch gebrochen hat; er wird alle kostbaren Sachen, die sich in dem Hause vorfinden, stehlen. Warum willst du also deine Pflicht versäumen? – Als der Hund das gehört hatte, schickte er sich zum Reden an: Niemals bekümmert sich der Herr um die Frage nach meinem Wohl oder Wehe, so dass ich denn hungrig dastehe; niemals reicht er mir Futter. Wenn also alle seine Habe verloren geht, ergibt sich dabei für mich durchaus kein Nachteil. Sobald ein Herr seiner Dienerschaft keine außerordentlichen Spenden zuteilt und keine Achtung erweist, dann trifft ihn die Hälfte der dabei sich feindlich einstellenden Versündigung, wenn der Diener zur Zeit eines Auftrages, gequält von dem Bewusstsein seiner eigenen Not des Leibes, an die Ausführung geht wie einer, dem die Flügel gelähmt sind, da seine Vorzüge mit Missachtung angesehen werden. Andererseits tut ein Diener, wenn der Herr sich gehörig um ihn kümmert, seinen Dienst, indem er sich ganz offenbart, selbst in den Tod zu gehen bereit ist und seinen Leib durch Nachtwachen schwächt. Wenn der Herr einen solchen Diener mit Spenden, Beweisen der Achtung u. s. w. ehrt, dann kehrt er ihm den Vorwurf einer gemeinen Herkunft zum Lobliede. – Was habe ich also von diesem Herrn für Nutzen? Wenn er nackt ausgezogen wird, geht mir nichts verloren! So hat man gesagt:

> Man gebe auf einen zu gewalttätigen Herrn, einen zu gewalttätigen und geizigen gebe man auf; man gebe auf einen geizigen Fürsten: einen freundlosen und verschlagenen gebe man auf.

Als der Esel dieses Wort des Hundes vernommen hatte, sagte er: Wenn du nicht bellen willst, dann werde ich iahen; dadurch wird jener aufmerksam werden. – Als der Hund das hörte, ließ er seine Rede erschallen: Hunde bellen deutlich, so dass die Leute darüber aufmerksam werden. Das ist aber unsere Sache, nicht ein Spiel für deinesgleichen; darum verhalte dich ruhig. – Aber trotz dieser Abmahnung seitens des Hundes beachtete der Esel dessen Ansicht nicht, sondern stieß einen außerordentlich furchtbaren Schrei aus. Kaum hatten die Leute dieses misstönende Geschrei vernommen, als auch ihre Ohren schon taub waren und ihre Köpfe heftig schmerzten; aber der Esel ließ nicht ab, für das Wohl des Wäschers ausgiebig zu iahen. Da sprach dieser: Der Sündensohn von einem Wegwurfe stört uns im Schlafe; jetzt lässt mich der Esel infolge seines Iahens nicht schlafen, nachdem ich durch die eifrige Besorgung der Last der täglichen Geschäfte müde geworden bin. Also ist er der Mörder seines Herrn. Aber er soll uns vermittelst eines furchtbaren Prügels büßen! – Mit diesen Worten erhob sich der Wäscher, nahm den Riegel, der die Tür schloss, fasste ihn mit beiden Händen und prügelte jenen in dreimaliger Wiederholung über den Hof. Als er ihn für tot hielt, ließ er ab, ihn weiter zu prügeln. Darauf sagte der Esel einen schönen Spruch her:

Der Erbärmliche, welcher sich um Dinge sorgt, die zu dem Dienste eines andern gehören, der hat schnell Bitternis zu kosten, sicherlich, wie der Esel von dem Wäscher. (!!)

Darum, Erdherrscher, stelle du jene Frage nicht und lass die Hartnäckigkeit. Wenn du jenes erfährst, wird dich Kummer treffen.‹ – Nachdem Bālasarasvatī das gesagt hatte, begab sie sich in ihr Haus.«

So lautet die elfte Erzählung.

12

»Wiederum ließ der Erdherrscher, der das Verlangen hegte, den Kern des Nektars der Lachlust der Fische zu ergründen, Bālasarasvatī kommen und richtete sein Wort an sie. Als sie das vernommen hatte, sprach sie: ›Großfürst der Erde, lass ab, das so eifrig an das Licht bringen zu wollen. Infolge solchen Treibens ward ein Buhle hart gestraft; und ebenso wird es dir ergehen!‹ – ›Teile diese Begebenheit mit!‹ – also von ihm aufgefordert erzählte Bālasarasvatī dem Fürsten diese Geschichte: ›Höre, Männerfürst! Ich will ein Abenteuer erzählen. Mag es nun erstaunlich sein oder der Empfindung bar – gleichwohl musst du deine Aufmerksamkeit darauf richten; dadurch wird auch der Geist der Vortragenden mit dem Siegel der Aufmerksamkeit gesiegelt, so dass dann unter solchen Umständen der Vortrag der verschiedenen Stimmungen in klarem Flusse zur Geltung kommt. Das ist zugleich auch ein Merkmal eines Fürsten: dabei ergibt sich eine Untersuchung und Prüfung von Leuten, die in allen möglichen Künsten ihren Leib geübt haben, welche ihm wiederum Gelegenheit gibt, in allen möglichen Künsten seine Kunstliebhaberei zu bekunden. Wenn dann der Betreffende in den Künsten bewandert ist, dann kann ihm unter Ehrenbezeugungen die Ausübung dieser Kunst am Hofe als Amt übertragen werden; andernfalls entlässt er ihn mit irgend einer Gabe, dass er nach Belieben gehen kann. So erstrahlt sein Ruhm im höchsten Glanze.

Einst entstand bei irgend einer Gelegenheit im Lande Virāṭa zur Unzeit die Regenperiode. Infolge dieses Ereignisses machten alle die Flüsse (dort), da sie von reichlichem Wasser angefüllt waren, ihren besonderen Namen *Uferfortspüler* zu einem trefflich passenden. In dieser Wasserflut schwimmend kam eine Schlange einher; da sie ganz ermattet war, sah man bloß die Stelle an ihrem Kopfe aus dem Wasser hervorragen; der ganze übrige Leib war im Wasser untergesunken. Da kam ein Frosch geschwommen und setzte sich auf ihre Haube. Die Schlange verhielt sich ruhig; denn nicht einmal so viel Kraft hatte jetzt noch Raum in ihr. Darum begann sie, in solchem Aufzuge weiter zu schwimmen. So erblickte ein Vogel (und zwar) eine Lerche, die am Ufer des Flusses ihre Wohnung hatte, die Schlange, wie ihr Kopf von dem Frosche besetzt war, und lachte. Die Schlange, welche den Vogel lachen sah, erhob ihre Stimme: Warum lachtest du, Lerche? – Darauf entgegnete sie: Ich brach in Lachen aus, da ich diese Verkehrtheit sah. – Jene sprach: Was gibt es hier Verkehrtes? – Darauf ließ der Vogel seine Stimme erschallen: Für euch Schlangen sind die Frösche ein Nahrungsmittel; wenn ein solcher nun auf deinem Kopfe festsitzt, dann verzieht sich das Gesicht notwendigerweise zum Lachen! – Da sagte die Schlange:

Was lachst du, Lerche? Durch Schicksalsfügung kann wohl eine Schlange zum Reittiere für einen Frosch werden, so gut wie ein Brahmane durch Schmelzbutter blind wurde.

Darauf erhob die Lerche ihre Stimme: Erzähle die Geschichte von dem Brahmanen, der durch Schmelzbutter blind wurde! – Als sie dies Wort des Vogels vernommen hatte, äußerte sie sich: In der Brahmanenkolonie Namens Brahmapura lebte ein Brahmane Kṣēmaṃkara; dessen Frau war außerordentlich unbeständig. Er jedoch besaß eine Festigkeit, die gegenüber der Qual der Wunden, wie sie der Blumen-Pfeilregen des ringsumher erstrahlenden Ungleichen schlägt, erprobt war; er erfreute sich des Besitzes eines Herzmuskels, welcher gegen alle jene, für ihn gegenstandslosen, Beschwerden gefeit war, welche aus der Wonne entstehen, wie sie offenbart und gekennzeichnet wird durch die Seitenblicke, die Unterweiser in der Gesamtheit des Kultus des Fünfpfeiligen, der die Quintessenz der Welt in ihrer Gesamtheit bildet; und seine Tage wünschte er hinzubringen, die Augen geschlossen in dem Nachdenken über die, wie die in die Mannigfaltigkeit des fünften Tones mannigfach geschiedene Laute und Mandoline, vielseitig geteilte innere Betrachtung über äußeres und nicht äußeres Unreales und Reales. Aber als Ehemann jener Frau erfüllte er bei ihr die eheliche Pflicht nicht; sondern indem er alle möglichen Festtage aneinanderreihte, indem er sagte, heute ist Neumondsnacht, vyatīpāta[40], vāidhṛta[41], Vollmondsnacht, Zehnter, Elfter, Achter, Weltanfang, Manu-Periodenanfang, Eintritt der Sonne in ein neues Sternbild, Vierter u. s. w., so gab es im Laufe des Monates überhaupt keine Gelegenheit, den Beischlaf auszuführen; und auf diese Weise ward ihr Verlangen nach Liebesgenuss niemals gestillt. Unter solchen Umständen überlegte sie einst in ihrem Sinne: Während ich in einer Welt geboren worden bin, in welcher der Genuss der Sinnenlust als das Beste gilt, habe ich doch niemals das Glück des Studiums der Sinnenwelt gekostet. Tag für Tag geht meine Jugend nutzlos dahin, ohne dass ich die Süßigkeit des Trankes munte-

40 Bestimmte Konstellationen.

41 Bestimmte Konstellationen.

rer Sinnenlust genieße. Dann wird eiligen Schrittes das Alter herankommen! Und man sagt:

Reisen lässt die Männer altern, Stillstehen die Rennpferde; Mangel an Liebesgenuss lässt die Frauen altern, Beschälen die Hengste.

So sprach sie und begann, Unzucht zu treiben. Das merkte nach einiger Zeit ihr Gatte, der Brahmane, aber er verhielt sich ruhig. Jegliches Unternehmen, selbst wenn es von dem Manne nicht gebilligt werden kann, ist zu versuchen in dem festen Entschlusse, den affektreichen Liebesbesuch zu verhüten. (?) Dasjenige erreicht den Aufgang des Gelingens, was unternommen wird unter Zuhilfenahme der Kenntnis des Stromes seiner eigenen Befähigung, der durch den Wunsch nach Erzielung eines Erfolges nicht gehemmt ist, wenn man dabei Mittel meidet, die eine verständige Prüfung tadeln wird.

So ließ also jener Brahmane, wenn er sich auch schämte, die Zeit verstreichen, indem er sich mit Schweigen schmücken wollte, in dem Gedanken, er werde doch siegen, seinen Verstand glänzend offenbaren, das Glück wiederfinden und geläutert hervorgehen. Unter solchen Umständen verachtete sie ihn gründlich und reichte ihm kein Essen und Trinken zu seiner gewohnten Nahrung; nicht einmal Wasser oder einen Hauch Reis bekam er. So bestand er bald nur noch aus Haut und Knochen. Da bildete nun der Gedanke an das Erfreuliche des bloß Theoretischen den Hauptteil seiner Beschäftigung: Wenn meine Körperbeschaffenheit mir die Befähigung verschaffte, würde ich die Beiden da schon lehren! – So lebte er Tag für Tag in ununterbrochener Sorge.

Nun hegte jene unzüchtige Frau eine besondere Verehrung für die Māyāvatī: als die Zeit für deren Anbetung gekommen war, ging er am Festtage der Göttin vorher hin und trat hinter die Rückseite (der Bildsäule) der Göttin, so dass er dort ungesehen weilen konnte. Darauf kam sie, um die Göttin gnädig zu stimmen, in der Hand die gesamte Gesamtheit dessen, was zu einem glückverheißenden Gottesdienste u. s. w. gehört; sie brachte der Māyāvatī mit Wohlgerüchen, Verehrung, Lampen u. s. w. eine sechszehnfache Anbetung dar und weilte dann einen Augenblick vor ihr, die Augen in Andacht geschlossen. Da sprach der dahinter befindliche Mann: Du Erste unter meinen Verehrern, da ich die eifrige, hervorragende Liebe zu mir bei dir bemerkt habe, bin ich dir gnädig gesinnt. Darum sprich den Wunsch aus, den du in deinem Herzen hegst! – Als sie das gehört hatte, warf sie sich der Länge nach nieder und pries sie: Mutter, du bist meine Herrin, die Oberkönigin in der Stadt Alaka; du erfüllst kraft der Gewährung die Wünsche deiner Diener, die sich ohne Beschränkung erschließen können. Bei deinen Leuten gibt es keine Gleichgültigkeit gegen die Affekte der Sinnesorgane; durch Gebet bewogen lässt du das Schicksal der Menschen sich glänzend entfalten. – So pries sie die Göttin und nannte dann ihren Wunsch: Wenn du gnädig gesinnt bist, dann gebrauche ein Mittel, dass mein Gatte mit den Augen seine Umgebung nicht mehr erkennen kann. – Die Göttin antwortete: Wenn du es wünschst, will ich ihn in die andere Welt befördern! – Jene entgegnete: Er darf die Fähigkeit nicht behalten, zu sehen, wie ich mich über sein Beobachten ängstige. Seine Augen sind dahin zu bringen, dass sie keinen Gegenstand mehr erkennen können. – Darauf antwortete die vermeintliche Göttin: Ich, die Göttin, die in List lebt, werde dahin wirken, dass seine Augen den Glanz der Pupille und andere Eigenschaften behalten; aber wenn auch all und jedes gute Aussehen der Augen bestehen bleibt, wird doch in seinen Augen ein heftiger Schmerz entstehen; und dann wird infolge der Anwendung dieses Mittels allmählich das Erkennen der Gegenstände aufhören. – Darauf verneigte sie sich wieder vor ihrer Herzensgöttin; und wiederum sprach diese zu ihr: Du Oberhaupt unter meinen Verehrern, handele darum folgendermaßen: Gib ihm jeden Tag andere Speisen als Nahrung zu seiner vollständigen Sättigung; dadurch werden seine Augen ganz von selbst erblinden. – Nachdem sie diese Gnade erreicht hatte, ging sie hocherfreuten Herzens und in ihrem Vorsatze durchaus festgemacht nach ihrer Behausung. Darauf kochte sie sorgsam einen Milchreis; in diesem Augenblicke kam jener trefflichste unter den Brahmanen aus dem Dorfe zurück nach seiner Wohnung und sagte zu seiner Frau: Lass uns die mittägliche Feier mit Baden, Andachtsübung u. s. w. vornehmen; dann trage auf, was du gerade im Hause hast; der Hunger quält mich sehr! – Als sie das gehört hatte, ließ sie ihre Rede erschallen: Nimm einen Augenblick Platz; wie solltest du abgestandene Speisen essen? – Darauf reichte sie ihm, im Gedenken an die Gottheit, bis zur vollständigen Sättigung außerordentlich wohlschmeckendes, mannigfach zubereitetes Essen, das sie hergestellt hatte, dem trefflichsten der Brahmanen. Ebenso tat sie auch in Betreff der Nachtmahlzeit; und ebenso hielt sie es nun Tag für Tag. Fünf oder sechs Tage darauf verspürte er Schmerz in den Augen und sprach zu seiner Teueren: In meinen Augen sitzt ein außerordentlich empfindlicher Schmerz, der mit jeder Minute an Stärke und Verbreitung zunimmt, nach den Sekunden und den übrigen Abschnitten, in die man die Zeit teilt. Ferner kann ich einen vor mir stehenden Gegenstand nicht mehr deutlich erkennen; es scheint, als ob sich bei mir Erblindung einstellen wollte! – Um so mehr war sie voller außerordentlicher Zuvorkommenheit und zeigte ganz besonderen Eifer. Nach einigen weiteren Tagen nun sagte er: Ich sehe nicht mehr mit meinen Augen! Während er im Hause umherging, warf er irgend einen Gegenstand um und zerbrach Geschirr u. s. w., indem er tat, als wenn er strauchelte; wenn er nach der Türe gehen wollte, trat er auf den Ofen zu, da er nicht sehen konnte: Wo ist die Tür? Zeigt sie mir doch! Was ist da ohne jede Veranlassung mit meinen Augen geschehen? So sprach er und ließ mitten im Hause sein Wasser; in der Nacht jammerte er und rief, der Schmerz würde ärger. Tag und Nacht sagte er zu ihr: Ersinne irgend ein wirksames Mittel, um den unerträglichen Schmerz zu beseitigen, der in meinen Augen sich fühlbar macht, und richte deine Aufmerksamkeit darauf, ihn vollständig zu beheben durch die Anwendung aller möglichen verschiedenen Heilmittel, wie sie die Ärzte anwenden; sonst wird mein Leben vor Schmerzen vergehen, weil sie so sehr heftig sind. – Als sie das vernommen hatte, entgegnete sie: In einigen weiteren Tagen werden deine Augen wieder besser sein. Fasse nur Mut! Was soll es mit dieser eifrigen Beschäftigung mit der Geschicklichkeit in kindischem Jammern? – Darauf ward er Tag für Tag durch das Übermaß (des Schmerzes) kläglicher. Als sie nun in seinen Augen blinden Gehorsam gegen die allenthalben eintretende Finsternis geschaffen hatte, brachte sie ihren Buhlen in das Haus; und so lebten die Beiden vor den Augen des scheinbar Blinden der Wollust. Da sagte dieser zu seiner Frau: Meine Augen sind nun hin, und ich bin erblindet. Wenn du meine Pflege übernehmen willst, wirst du ermüden, da du von Krankenpflege seit deiner Geburt nichts gelernt hast. (?) Darum gib mir einen Stock in die Hand, damit ich mir damit den Weg suche und auf ihn gestützt die Füße setzen kann, wenn ich hinausgehe, um das Wasser zu lassen. – Da gab sie ihm einen tüchtigen, geraden, großen Stock, um sich kräftig zu stützen. So stand nun der Brahmane mit dem Knüppel in der Hand da, indem er sich blind stellte, während jene Beiden sich erlustigten. Auf diese Weise kam der Buhle Tag für Tag in das Haus. – (Einst), als sie diesen hatte Platz nehmen lassen und jener ihre Füße bemerkt hatte, sprach er: Hole ihn doch in das Haus herein! – Solche besondere Rücksicht nahm er. Darauf begann jener (Buhle) das Gadāparvākhyānam vorzutragen, worauf der durch Schmelzbutter Blinde sagte: Ich werde einen Augenblick aus dem Gadāparvākhyānam darstellen; Tag für Tag musst du immer herkommen. Taub an allen Gliedern vor unverstümmeltem Stolze auf die Benennung Gadāparvan, werde ich mit allem Fleiße, der in deinem Herzen ein ganz besonders heiteres Spiel treiben wird, auf diese Weise das Gadāparvākhyānam in seinen einzelnen Teilen vor dir zu Ende führen, das die Ausführung schwer zu ertragender Versiegelungen aufhebt (??), die Gesamtheit der vorzüglichsten Verdiensteswerke darstellt ... und die Gnade des Auges des dabei verehrten Śarvan[42] mit seinen glanzvollen Mitleidsseitenblicken offenbart. So muss es verstanden werden. Auf diese Weise hörte jener Buhle Tag für Tag von diesem besten unter den Brahmanen das Gadāparvapurāṇam. Der durch Schmelzbutter Erblindete trug ihm vor, und sie, seine Gattin, genoss Tag für Tag mit dem Buhlen eine Unterhaltung im Liebesspiele unter Tändeln, Scherzen u. s. w.; der Brahmane aber, der von der Schmelzbutter Erblindete, sah das mit seinen Augen und stand dabei, indem er seinen furchtbaren Knüppel in der Hand hielt. Eines Tages sah er wiederum zu, den Knüppel in der Hand: Bhīmasēna aber erhob sich, und seine Keule schwingend schlug er mit aller Wucht Duryōdhana nieder – so! – Mit diesen Worten schlug er jenem, ihrem Buhlen, mit einem außerordentlich kräftigen Schlage den Schädel ein; ebenso zertrümmerte er auch mit einem einzigen Schlage der unzüchtigen Frau den Schädel. So rächte sich jener durch Schmelzbutter erblindete Brahmane; der Buhle aber ward vom Schicksale dahingerafft.

Darum, Herr der Erde, lass die Hartnäckigkeit! Überlege lieber den Sinn jenes Verses!‹ – Nach dieser Mahnung entfernte sich die Tochter des Ministers, wie sie gekommen war.«

So lautet die zwölfte Erzählung.

42 Śiva.

13

»Darauf ließ der Gemahl der Erde bei Erscheinen des Herrn des Tages die Tochter des Ministers holen und fragte sie, aus Neugier, nach der Ursache des Lachens der Fische. Als sie das gehört hatte, sprach sie: ›Infolge des Fluches des Biḍāujas[43] wurde ein Apsarase[44] als Tochter eines Königs wiedergeboren; dann kam ein Mann zu ihr, der aber nicht nach ihren Worten handelte; da wurde er von ihr getrennt und empfand nun Reue: ebenso wird es dir auch ergehen!‹ – Als der Fürst das gehört hatte, fragte er sie nach dieser Geschichte, worauf Bālasarasvatī dieselbe erzählte: ›Höre zu, du, dessen Ruhm das Ohr erfreut. Einst lebte unter den Himmelsbewohnern eine Apsaras, welche unter den göttlichen Tänzerinnen die erste Stelle einnahm. Als sie bei irgend einer Gelegenheit vor den Göttern tanzte, freute sich Puruhūtas[45] so außerordentlich über sie, dass er ihr eine prächtige Stadt mit Namen Viśālapurī zur Auszeichnung schenkte; diese Stadt war ganz unvergleichlich schön. Jene begab sich nun in diese Götterstadt, wohnte daselbst und kam Tag für Tag zur Verehrung des Indra, um ihm zu dienen. Da geschah es, dass sie eines Tages gar nicht zum Gottesdienste kam, worauf sie von Śatakratu[46] verflucht wurde: ›Du hast es versäumt, uns ergeben zu dienen; darum soll dein Leib leblos in deiner Stadt ruhen; zwei dienstbare Frauen sollen deinen toten Leib bewachen; und diese beiden Weiber werden dem betreffenden Manne, der dahin kommen wird, die Geschichte deines leblosen Körpers erzählen. Nachdem du aber aus dem Munde dieses Mannes die Kunde von deinem toten Körper erhalten hast, wirst du den Leib der Tochter des Männerfürsten verlassen und wieder den früheren

43 Name für Indra.
44 Himmlische Sängerinnen.
45 Indra.
46 Indra.

Apsarasen-Leib bekommen. Für die Dauer dieser Zeit wird deine Wohnung in der Welt der Sterblichen sein.‹ – Als sie das vernommen hatte, entgegnete sie dem Śatakratu, dessen Zorn sie durch die Macht des Liebreizes beschwichtigte, der auf ihren Wangen erblühte und durch die reiche Koketterie, die ihn fesselte: ›So lange die Stadt meiner beraubt ist, soll niemand ihr Oberhaupt sein!‹ – Als der Götterfürst das gehört hatte, sprach er das Wort: ›Bis du die Führerschaft über deine Stadt wieder übernimmst, so lange werden alle Bewohner deiner Stadt bewusstlos sein.‹ – Darauf ward sie, verflucht von dem Donnerkeilträger, als Königstochter wiedergeboren. Indem sie nun so infolge von Schicksalsfügung kein Glück fand, aber an ihre Verheiratung dachte, sprach sie, von einer hartnäckigen Laune geleitet: ›Wer auch immer in meiner Gegenwart die Geschichte von Viśālapurī erzählt, den will ich als meinen Gatten ansehen!‹ – Daraufhin kamen viele Könige und Königssöhne herbei, aber auch nicht einer kannte das Treiben in der Stad Viśāla; und so zogen sie wieder ab, wie sie gekommen waren.

Nun war da irgend ein verschmitzter Bursche; der zog auf dem ganzen Erdenrund umher, um jene Geschichte zu erfahren. Dabei kam er auch nach dem Orte Kollāpura und weilte an der Stätte der hochheiligen, mächtigen Lakṣmī. Die Gottheit ward gnädig gesinnt und sprach: ›Tue einen Wunsch!‹ – Darauf sagte er: ›Wie ist es mit Viśālapurī? In welchem Teile der Erde befindet sie sich? Diese Stadt muss ich mit meinen Augen sehen; dazu gib mir deine Gnade.‹ – Als die hochheilige, mächtige Lakṣmī das gehört hatte, gab sie ihm ein Paar Schuhe, um damit Viśālapurī zu finden und sagte: ›Ziehe diese beiden Schuhe an deine Füße; dann wirst du den Ort, den du ersehnst, erreichen.‹ – Nachdem er diesen Befehl der Gottheit vernommen hatte, zog er die Schuhe an seine Füße und gelangte im Fluge nach Viśālapurī. So erreichte er denn diesen

Ort. – Als er nun dorthin gekommen war, brachte er jene Stadt in den Bereich seiner Augen, die durch alle möglichen Vorzüge, Schönheit u. s. w. im Übermaße ausgezeichnet war; gleichsam den zahlreichen Wellen eines Flusses ähnlich waren deren mannigfache Wonnemengen. An ihren beiden Torflügeln erblickte er ein Paar Elefanten, worüber er erschrak; aber als er allmählich näher trat, bemerkte er, dass diese beiden Rüsselträger bewusstlos waren. Er trat also ein; und nachdem er gesehen hatte, dass alle darin befindlichen Menschen ebenso jeder Spur von Leben ermangelten, ging er weiter und richtete den Gang seiner Augen auf einen außerordentlich bezaubernden Königspalast: auch die dortigen Türhüter hatten kein Bewusstsein. Er trat ein; und indem er sich umschaute, sah er eine Frau daliegen, deren Leben entflohen war; in ihrer Nähe standen zwei lebende Jungfrauen. Von diesen beiden erfuhr er die ganze, auf dort bezügliche Kunde; und nachdem er diesen vollständigen Bericht ohne Lücke empfangen hatte, gelangte er vermittelst seiner Schuhe in einem Augenblicke in seine Stadt zurück. Er brachte die Tochter des Herrschers in den Bereich seiner Augen, und nachdem er vor sie getreten war, meldete er ihr: ›Ich habe das Treiben in Viśālapurī vollständig und ohne Lücke kennen gelernt!‹ – Auf die Frage: ›Hast du Viśālapurī (mit eigenen Augen) erblickt oder nicht?‹ – antwortete er ihr: ›Gesehen habe ich sie!‹ – ›Dann nenne als besonderes Erkennungszeichen, was an dem Thre dieser Stadt sich befindet. Wenn das stimmt, dann ist es mit allem anderen auch richtig.‹ – Auf diese Worte hörte sie als Antwort: ›An den beiden Torflügeln steht ein Paar Elefanten.‹ – Da ehrte sie ihn als wahrheitsgetreuen Berichterstatter und sprach zu ihm folgendermaßen: ›Hüte deine Zunge, mir jene Geschichte zu erzählen! Erst wenn ich dich nach derselben frage, berichte den ganzen Hergang.‹ Nach diesen Worten führte sie ihn hinein. Mit ihm zusammen pflegte sie nun der Liebe an dem durch den

Beischlaf preisenswerten und gesegneten Feste, indem sie ihren Geist versenkte in jenen außerordentlichen, unvergleichlichen Zustand der Beschränkung auf das eine, welches gekennzeichnet wird durch ganz besondere Gegenstände der Wünsche, die sich auf das selbst bei dem Verfolgen der Erinnerung an voraufgegangene Gefühle unergründliche Wesen der Liebe beziehen; und wobei sie eine Menge unerschöpflicher Wonne spendete, die noch gesteigert wurde durch die Mehrung der Dienste während des Liebesgenusses, der durch die dem Herzen erwünschten, einzig der Götterwelt angehörenden Genüsse, Gefühlsäußerungen, Koketterien u. s. w. ins Außerordentliche vergrößert wurde. – So verstrich eine geraume Zeit. Der dem Tode geweihte Dummkopf aber fragte sie Tag für Tag, wiewohl er im Herzen wohnende Wonne im Übermaße gefunden hatte: Soll ich dir die Geschichte von Viśālapurī erzählen? – Sie aber wehrte ihm immer mit den Worten: Wenn ich danach frage, dann darfst du sie erzählen. – Wiewohl er solche göttliche Schönhüftige und göttliche Genüsse, bestehend in solcher Liebeslust u. s. w., genoss, sagte er doch immer wieder, er wolle jenes Abenteuer erzählen, indem er alles Glück in seinem Sinne vergaß, da die Fähigkeit seines Verstandes durch seine früher begangenen bösen Taten geschwächt war; und so vernahm sie alle dort befindlichen besonderen Kennzeichen. Da, in dem Augenblicke, wo sie alle Merkmale vernommen hatte, ward dieser ihr Körper vom Leben verlassen; der Leib in Viśālapura aber ward von Bewusstsein durchströmt. Da begann jener Reue zu empfinden: Als ich die Geschichte erzählen wollte, wehrte sie mir; aber ich hörte nicht auf das Verbot, unter dem Banne meiner (früheren) bösen Taten. Indem mich das Glück verlassen hat, ist mir jener so herrliche Genuss ins Gegenteil verkehrt worden.

Darum, Schutzherr der Erde, frommt es, nicht hartnäckig zu fragen. Den Sinn des Verses magst du überlegen.‹ – Nachdem Bālasarasvatī so gesprochen hatte, begab sie sich in ihre Behausung.«

So lautet die dreizehnte Erzählung.

14

»Wiederum ließ der König Bālasarasvatī holen und fragte sie nach der Ursache des Lachens der Fische. Als sie das gehört hatte, ließ sie ihre Stimme erschallen: ›Wenn du das erfährst, Erdherrscher, wird es dir ebenso ergehen, wie einer gewissen liederlichen Frau, die ihren Buhlen verlor und auch den Gatten nicht mehr hatte, so dass sie bekümmert und unschlüssig dasaß.‹ – Darauf sagte der König, als er das gehört hatte, zu der Tochter des Ministers: ›Erzähle diese Geschichte!‹ – Nachdem sie nun diesen Befehl bekommen hatte, sprach sie zu dem Könige: ›Höre zu!‹ und schickte sich an, die Erzählung dieser Geschichte zu beginnen: ›In dem Lande Ābhīra wohnte in irgend einem Dorfe an dem Ufer der Tapatinī ein Bauer; dessen Lebensgefährtin war sehr liederlich. Während ihr Mann immer auf dem Felde war, befand sie sich zu Hause und genoss mit dem Buhlen ruhig das Glück des Liebesgenusses. Nun kam ihr folgender Gedanke: Ich[47] will mit irgend einem Buhlen davongehen, mich mit ihm anderswohin begeben und dann alle Aufmerksamkeit auf den Genuss der Liebeslust richten! – Nachdem sie das im Herzen beschlossen hatte, richtete sie das Wort an den Buhlen, mit dem sie von früher her schon vertraut war: Ich will mich mit dir in die Fremde begeben; darum lass uns gehen. Nimm mich mit dir und gehe! – So angeredet ließ auch er seine Stimme erschallen: Wir leben hier doch behaglich genug! Du bist Herrin in deinem Hause und kannst froh sein im Genusse eines hervorragenden Glückes. Auch ich lebe in meinem Hause ganz zufrieden und befinde mich in einem Wohl-

47 Der Text hat avalambatē! Konstruktion!

stande, der die höchste Zufriedenheit gewährt. Wenn wir beide aber durch den Liebesgott in den Zustand der Verliebtheit geraten, können wir auch dann uns helfen. Warum sollen wir also eine solche Gelegenheit aufgeben, die uns den Genuss des Glückes gewährt und anderswohin gehen? – Also von ihm angeredet entgegnete sie: Wenn du mich nicht entführen willst, dann werde ich mich mit irgend einem Beliebigen, der meinem Herzen zusagt, entfernen. Im Hause habe ich einiges vollgültiges Geld; das werde ich auch mitnehmen! – Als er das gehört hatte, dachte er: Die will auch ihr Geld mitnehmen? Da werde ich mit ihr ausziehen! Wenn wir dann anderswohin gekommen sind, wird uns derlei gut zu statten kommen, falls uns ein Unfall trifft, wo es handeln heißt. – Nachdem er so überlegt hatte, wandte er sich mit dem Tändeln seiner Rede an die Schöne: Auch mein Herz hat schon immer an diese Sache gedacht, dass, wenn ich mit dir zusammen anderswo weile, uns auserlesener Genuss ungestörter Wonne bevorsteht. Aber ich wagte es nicht, dir das zu sagen. So hast du nun also die Gedanken ausgesprochen, die in meinem Herzen wohnen! Halte nun für heute zur Abendzeit alles bereit, was nur immer an Gegenständen zum Liebesspiele mit mir u. s. w. nötig ist; alles, was du an wertvollen Sachen, Geld, Kleidungsstücken u. s. w. vorfindest und sich mitnehmen lässt. Ebenso will ich alle in meinem Hause befindlichen Gelder und Wertsachen mitnehmen und dann zur Zeit der ersten Nachtwache mich aufmachen. Heute ist die allergünstigste Konstellation zum Antritt einer Reise. – Also verabredete er mit ihr, worauf sie sich beide in der Nacht davonmachten. In irgend einer Gegend aber packte er sie, raubte ihr all ihr Geld und ließ sie im Stiche. Da empfand sie nun die bitterste Reue: Ich habe eine sehr böse Tat vollbracht! Ich habe meinen trefflichen Gatten verlassen, und nun hat mich dieser schandbare Buhle im Stiche gelassen und sich entfernt. Ich hatte Geld in den Händen: auch das hat er genommen und ist entflohen!

Darum, Herr der Könige, wird auch dich ebensolches Unheil treffen. Denke in deinem Herzen über den Sinn des Verses nach!‹ – Nachdem die Tochter des Ministers zu dem Erdherrscher also gesprochen hatte, machte sie ihre Wohnung (durch ihre Rückkehr wieder) berühmt.«

So lautet die vierzehnte Erzählung.

15

»Am folgenden Tage nun ließ er, dessen Befehle von den Häuptern der Welt der Fürsten befolgt wurden, Bālasarasvatī kommen und fragte sie nach der Ursache des Lachens der Fische. Darauf sagte sie zu dem Erdherrscher: ›Was dem Schakale Asudruma geschah, da er seine Sippe verbannte, ebensolches Missgeschick wird auch dich treffen.‹ – Da fragte sie der Fürst nach der Geschichte, und sie begann zu erzählen: ›Es gibt eine Stadt mit Namen Candrapura; dort begab sich ein Schakal nachts an das Ufer des Flusses Sikatila, um Zuckerrohr zu verzehren. Die dort befindlichen Wächter streiften schlauer Weise rings umher; der Schakal aber gelangte doch in das Planstück. Eine Hündin, die das Geräusch bei dem Einbrechen hörte, lief dem Schakale nach: aus Furcht vor ihr irrte sich dieser in der Richtung und verfolgte den nach der Stadt führenden Weg. Da er nun auf diesem Wege dahin lief, traf er auf Fässer, die durch die Bereitung von Indigofarbe indigoblau gefärbt und in einer Reihe aufgestellt waren; und indem er flüchtig nun diesen Weg eingeschlagen hatte, stürzte er sich auf seiner Flucht darauf. Aus dem vorderen Fasse herausspringend stürzte er in das nächstfolgende; und so entkam er erst, nachdem er der Reihe nach in alle Fässer, immer wieder in ein anderes, hineingesprungen war. Da nun diese Farbe an seinem Leibe haftete, war er ganz verändert und nicht mehr als Schakal zu erkennen. Nun begab er sich nach dem Walde; und als ihn die Bewohner des Forstes erblickt hatten, gerieten sie alle in grenzenloses Staunen; sie umringten ihn alle und sagten: Woher ist dieses nie zuvor gesehene Wesen gekommen? Wer bist du? An welchem Orte hast du vorher geweilt? Woher soll man dich kennen? – Auf diese ihre Fragen antwortete er: Ich bin der Fürst des Waldes! Da ich die Unfälle im Walde verhüte, bin ich der erste Gebieter der ihn bewohnenden verschiedenartigen Tiere. Ihr alle müsst mir dienen! – So sprach er und lebte nun als ihr Herr; Löwen und Tiger waren abwechselnd um ihn herum zu seiner Bedienung. Der Schakal aber dachte nicht daran, das Schakalgeheul auszustoßen, indem er ängstlich überlegte, dass, wenn er Schweigen beobachtete, ihn jene nicht erkennen würden. – In der Nacht nun lagen alle Schakale um ihn herum und bildeten aus eigenem Antriebe seine Leibwache. So ruhten um ihn her vielfach treffliche Tiere. Während er nun so lebte, bekam er einst folgenden bösen Gedanken: er redete nämlich seine Stammesgenossen also an: Entfernt euch aus meiner Nähe! Ich will neue Leibwächter um mich her bestellen. – Als jene das gehört hatten, begannen sie ihn zu belehren: Ach, Verworfenster, bleib so wie bisher! Du wirst sonst den Tod finden! – (Aber er ließ sich nicht belehren.) Darauf gingen die Verbannten weit weg und hielten Beratung: Jetzt müssen wir ein Mittel ersinnen, dass er seinen Untergang findet. Wir wollen hingehen und alle zusammen das Schakalgeheul ausstoßen; wenn er das hört, wird er auch Lust bekommen, es auszustoßen; und sobald er das schauerliche Geheul ausstößt, werden ihn alle als einen Schakal erkennen, auf ihn losgehen und ihn zerreißen. – Als sie das beschlossen hatten, gingen sie weit weg und heulten. Da er nun das Heulen der Schakale gehört hatte, kam ihm der törichte Gedanke, auch heulen zu wollen; und auf keine Weise konnte er diese Absicht unterdrücken. Da erkannten ihn die in der Nähe befindlichen Tiger u. s. w. und sprachen untereinander: Dieser sündhafte, verworfene Schakal hat uns so lange Zeit zu seinem Diener gemacht: nun soll der Bösewicht aber stürzen! Darum wollen wir ihm guten Unterricht erteilen! – Das billigten alle zusammen, zerrissen und zerstückelten ihn. Da lag nun Asudruma in den letzten Zügen und begann sein Ungemach zu fühlen: Ich habe das Verbot meiner Sippe nicht beachtet; darum bin ich in diesen Zustand geraten!

König, auch du sollst gegen ein Verbot nicht handeln; sonst wirst du hinterdrein von Kummer gepeinigt werden.‹

So lautet die fünfzehnte Erzählung.

16

»Wiederum ließ der Fürst sie kommen und forschte nach der Ursache des Lachens der Fische. Darauf ließ sie ihre Stimme erschallen: ›Herr der Erde, warum zeigst du solche Hartnäckigkeit? Lass das Übermaß, Gebieter der Erde! Wie den Cintāmaṇi und den Aśmanta[48] alle beide Missgeschick traf, da sie außerordentlich hartnäckig waren, ebenso wird es dir auch ergehen.‹ – Darauf befahl ihr der Beherrscher der Erde: ›Erzähle die Geschichte dieser beiden!‹ – Sie sprach: ›Höre du, dessen Ruhm einen Schmuck für die Ohren bildet. Auf dem Wege zu dem hochheiligen Arjuna von Mallikā befand sich ein Aśmantaka-Baum, den irgend ein beliebiger Wanderer zu trefflichem Gedeihen gebracht hatte. Von dem Stamme nach unten bildete er eine Veranda, und nach oben streckte er sich zu einem überall gleichmäßigen Laubdache. (Dann hatte jener Wanderer) noch einen (Baum gepflanzt), dessen mit Blumen geschmückter Stamm aussah, als sei er über und über reichlich mit Mennige bestreut; den nannte er Cintāmaṇi. – Nun ward nach geraumer Zeit allmählich der Ruhm jenes Gottes gar weit bekannt. Tag für Tag wuchs die Verehrung mit Mennige u. s. w. und die Speisedarbringung und ebenso an jedem Vierten die

48 Bauhinia tomentosa.

Spenden von Zuckerwerk und Abwaschungen. So ward sein Ansehen groß. Nun weiter. Alle Wanderer, die den betreffenden Weg kamen, nahmen jeder ein Blatt von dem Aśmantaka, so dass sein Wachstum gehemmt wurde; den Cintāmaṇi aber berührte niemand auch nur mit der Hand, da es hieß, der Aśmantaka gehe dem Cintāmaṇi vor; deshalb gewann er außerordentliche Fülle und Ausdehnung, indem der Leib seiner Schösslinge nicht zerstückelt wurde, und stand von Kraft strotzend da. Als nun so eine geraume Zeit verstrichen war, entstand zwischen den Beiden, dem Aśmantaka und dem Cintāmaṇi, Streit, und sie sprachen untereinander: Da du am Wege stehst, Aśmantaka, haben alle vorbeiziehenden Wanderer deine Zweige abgepflückt, so dass von dir bloß noch die Wurzeln übrig geblieben sind.[49] – Als der Aśmantaka das gehört hatte, sprach er zu dem Cintāmaṇi: In der Überzeugung, dass ich besser bin als du, Cintāmaṇi, pflückt von dir kein einziger Wanderer einen Zweig ab. Also bist du in meinem Schutze gediehen und hängst in deiner Veränderung ganz und gar von mir ab. Was machst du mit dem Namen Cintāmaṇi? Da du in meinem Schatten Zuflucht gefunden hast, ist dir, kraft dieses meines Schutzes, deine gewaltige Stärke erwachsen. Infolge des Genusses der Speiseopfer u. s. w. sind deine Glieder erstarkt. Ich will dafür sorgen, dass du alle zwölf Monate zusammen (in Wohlergehen) genießt. Du stehst auf jedem Felde; jeder beliebige Bauer befestigt dich an dem Pfluge, um die Pflugschaar zu befestigen und bindet dich als Stützbalken mit einem festen, aus Lederriemen bestehenden Bande an dem Pfluge fest. Jetzt hast du unter meinem Schutze eben große Wohlfahrt genossen. – So machten die Beiden einer dem andern Vorhaltungen. Darauf sprach der Aśmantaka zu dem Cintāmaṇi: Was geht mir ab, wenn ich dich nicht habe? Wa-

49 Ich ordne den Text etwas anders als in der Ausgabe steht.

rum willst du dich nicht entfernen? – Da verließ der Cintāmaṇi jene Opferstätte und begab sich anderswohin. Von dem Cintāmaṇi verlassen empfand nun der (Aśmantaka-)Baum Unbehagen. Am folgenden Tage kam ein Mann herbei, der den Aśmantaka herausholte, um aus seinem Baste Seile zu machen; ein Anderer kam und schnitt seine Äste ab, um damit den Acker umzugraben. So erging es diesem; der Cintāmaṇi aber, der sich eine Stätte ausgesucht hatte, die am Fuße mit Dornengestrüpp umgeben war, bekam infolge der Sonnenglut das Aussehen von weiß und grau. Darob verließen ihn die Vögel. Ein Mann aber, der ihn geeignet fand, gar zierliche Knöchel darüber stolpern zu lassen (??), warf ihn weit weg. Das war der Zustand, in den sie beide gerieten.

Darum, Fürst der Könige, wird auch dir, wenn du zu weit gehst, ebendasselbe Geschick zu teil werden. Denke den heutigen Tag gehörig nach; und wenn du es nicht findest, dann will ich dir morgen den Grund des Lachens der Fische angeben‹. – Nachdem Bālasarasvatī so gesprochen hatte, begab sie sich in ihre Wohnung.«

So lautet die sechszehnte Erzählung.

17

»Am anderen Tage nun ließ der Fürst Bālasarasvatī holen und fragte nach dem Grunde des Lachens der Fische. Als Bālasarasvatī das gehört hatte, ließ sie ihre Worte entströmen: ›Höre, Vikramāditya; ich will diesen Grund angeben; aber ich habe erst noch ein Wort zu sagen! Weshalb ist dein erster Minister, jener Puṣpahāsa, gefangen gesetzt worden?‹ – Als der König das gehört hatte, sprach er: ›So oft er lacht, findet in der Versammlung der Eintritt eines heftigen Platzregens von Blumen statt; derart ist seine Begabung. Nun waren von dem Herrscher eines fremden Landes Abgesandte angekommen; denen wollte ich jenes Wunder zeigen. In dieser Absicht hieß ich jenen lachen: warum lachte er da nicht, wiewohl ich es ihm befohlen hatte? Vom Zorne hierüber übermannt, ließ ich ihn in das Gefängnis werfen.‹ – Als Bālasarasvatī das gehört hatte, wandte sie sich an den Oberherrn der Erde mit den Worten: ›Und doch muss jener Blumenlacher von Majestät aus dem Gefängnisse entlassen werden! Er muss seiner Trefflichkeit halber geehrt und dann von Majestät befragt werden, warum er vorgestern nicht gelacht hat. Darauf musst du auch in ihn dringen, wenn du den Grund des Lachens der Fische erfahren willst.‹ – Darauf ließ der Fürst, nachdem er ihre Worte vernommen hatte, Puṣpahāsa frei, setzte ihn wieder in das Amt des obersten Ministers ein und befragte ihn, warum er damals nicht gelacht hätte. Darauf antwortete der Minister, als er den Befehl des Königs erhalten hatte: ›Majestät, eigentlich ist es so:

> Siddha-Zauber, Arzenei, Rechtschaffenheit, häusliche Schande, Begattung, Gefängnisstrafe und günstige Gelegenheit soll ein Verständiger nicht ausposaunen.

Aber Majestät hat mich gefragt; da muss ich selbst ein Geheimnis erzählen! Meine Gattin, Manaḥsaṃmōhinī mit Namen, war für mich mehr als mein Leben ein Gegenstand ganz unendlicher Verehrung. Außer ihr kannte ich keine Geliebte. Aber siehe, auch sie kam als Unzüchtige in den Bereich meiner Augen! Daher hatte ich an dem damaligen Tage in meinem Herzen auch nicht eine Spur von Glück mehr. Ja, mein Geist, dessen Festigkeit erschüttert war durch die Flut des in dem leicht unruhig werdenden Unglücksmeere befindlichen bösen Giftes, dachte nur noch an jenes besondere Ereignis. Daher also zeigte mein Herz keine Neigung zu ausgelassenem Gelächter.‹ – Als der Herr der Erde dieses Wort des Ministers vernommen hatte, brach er in Lachen aus; ja, und er, der die Erde zur Gemahlin hatte und dessen mächtig große Torflügel von diesem unauslöschlichen Gelächter laut erdröhnten, schlug seine Gemahlin Kāmakalikā mit einem Blumenbüschel, welcher reichen Wohlgeruch und große Vorzüge in Menge besaß. Durch diesen Schlag ward das Herz der Gefährtin des Fürsten von einer großen Ohnmachtswelle erfasst, ihre Wange erblasste im Rausche, und sie genoss eine Ähnlichkeit mit einer Lotusblume, die ein badender Elefant zertreten hat. Um sie aus dieser Ohnmacht zu erwecken, fächelte ihr der König mit einem Zipfel seines Gewandes Luft zu. Als Puṣpahāsa das sah, brach er sogleich in Lachen aus, und ein Blumenregen fiel auf die Versammlung. Der Erdherrscher, der dies bemerkte, wandte sich an Puṣpahāsa mit den Worten: ›Puṣpahāsa, du nennst dich selbst königstreu; und doch hat der Augenblick, wo es schien, als wollte das Leben jede Sekunde aus meiner Herzliebsten entweichen und ein solcher böser Zustand von tiefer Ohnmacht eintrat, dich zum Lachen gebracht, als wäre es etwas recht Erfreuliches!‹ – Darauf antwortete Puṣpahāsa dem Könige: ›Majestät, wenn du mir Straflosigkeit gewähren willst, dann werde ich reden!‹ – ›Sprich! Ich gewähre dir Straflosigkeit!‹ – Also von dem Fürsten angeredet sprach Puṣpahāsa: ›Majestät, da ist deine Gemahlin Kāmakalikā, über deren Worte sich sogar die Fische erlustigten! Sie, die Gattentreue, ging in der Nacht zum Stallmeister in den Pferdeställen, die Arglistige[50]. Da sagte der Stallmeister zu ihr: Warum hast du die Zeit verstreichen lassen? und gab ihr Peitschenhiebe auf den Rücken. Da fiel sie ihm zu Füssen und rief: Von nun an werde ich eiligen Schrittes in deine Nähe kommen; vergib mir mein heutiges Versehen! – Warum zeigte sie bei seinen Schlägen durchaus keine Schmerzempfindung? Jetzt ist sie in eine tiefe Ohnmacht gesunken, indem sie durch die Berührung mit dem von dir im Scherze zusammengebundenen Blütenbüschel wie von einer rauen Säge oder einem Schwerte getroffen war und der Schritt ihrer Festigkeit durch eine im Nu eintretende Kraftäu-

50 Ich ändere hier die Interpunktion des Textes.

ßerung gehemmt wurde. Wenn dir diese meine Aussage unwahr erscheint, dann möge Majestät auf ihrem Rücken die Spuren der Peitschenhiebe ansehen.‹ – Nach diesen Worten betrachtete die Zierde der Erdherrscher ihre Rückseite, um das wunderbare Ereignis zu schauen: da erblickte er die Spuren der Schläge. Bei diesem Anblicke empfand Vikramāditya den größten Widerwillen.

Darum, Prabhāvatī, wenn du solche Gewandtheit in der Erfindung von List zeigst wie Bālasarasvatī, die ihre eigene Verlegenheit einem Anderen aufhalste und den Minister durch Beistandsgewährung befreite, dann unternimm den Liebesbesuch.«

So lautet die siebzehnte Erzählung.

18

Wiederum fragte Prabhāvatī zur Abendzeit den Vogel, um in die Nähe des Vinayakandarpa gelangen zu können. Er sprach: »Herrin, wenn du wie Śṛṅgāravatī bei der Beseitigung eines Missgeschickes dem hervorquellenden Strome der Klugheit nachgehst, dann mache dich auf den Weg!« – So sprach er. »Wie war diese Geschichte? Erzähle sie!« – Also von ihr aufgefordert ließ der Fürst der Vögel seine Stimme erschallen: »Höre du, deren Stimme ein Schmuck für die Ohren ist. In einer Stadt mit Namen Rājapura wohnte ein Bauer namens Salavaṇadēva; der hatte zwei Frauen: die eine hieß Śṛṅgāravatī und die andere Subhagā. Beide waren auf Unzucht versessen und buhlten zusammen. Einst war Subhagā mit dem Buhlen zusammen in dem Hause, genoss auserlesene Wonne und war beseligt als Jüngerin der Bogenkunde des fünfpfeiligen Fürsten. Da brachte ihr Mann eine Last Feigenbaumzweige zum Verbrauche für den Lebensunterhalt.

Nun sage, Prabhāvatī: welche List gebrauchte sie da bei dieser Gelegenheit, um sich aus dieser außerordentlich schwierigen Lage zu befreien? Das magst du sagen oder deine Freundinnen!« – Darauf richtete Prabhāvatī ihre Gedanken mit Aufmerksamkeit auf das sorgfältige Überlegen dieser Sache, aber sie brachte die Nacht hin, ohne jene List zu finden. Darauf forderte sie den Vogel auf, und dieser entgegnete: »Höre, Prabhāvatī! Śṛṅgāravatī sprach zu Subhagā, die im Hause drinnen mit dem Buhlen zusammen das Liebesglück genoss: ›Der Gatte naht sich! Tritt auf die Schwelle, die Haarflechten gelöst, mit wackelndem Kopfe, offenem Munde und zitternden Gliedern; das Weitere will ich besorgen.‹ – Darauf nahm Subhagā diesen Rat an; worauf jener Salavaṇadēva zu Śṛṅgāravatī sagte: ›Was ist dieser zugestoßen?‹ Sie blickte hin und sprach: ›Herr, lass all dein Wünschen verbrennen! Du hast dir ja alle Mühe gegeben, um den Ausbruch der heftigen Verwirrung zu bewirken, die diese Elende betroffen hat!‹ – Als er das gehört hatte, sprach er: ›Was habe ich denn getan, dass du mir zürnst?‹ – Darauf entgegnete sie: ›Du hast da diese Feigenbaumzweige mitgebracht: in diesem Feigenbaume nun wohnt eine Vaṭayakṣiṇī;[51] und der Schmerz, der ihr (durch das Abhauen der Zweige) bereitet worden ist, peinigt nun diese hier. Nimm also diese Zweige und trage sie wieder dorthin; sonst wird sie beständig ganz außerordentliche Schmerzen erdulden. Die Vorzüge ihres Leibes bestehen in Jugendfrische, Schönheit und Anmut: wenn nun aber ein solcher besonderer Dämon ihren Leib besetzt und erst darin wohnt, was soll man dann noch machen?‹ Indem sie ihn mit diesen Worten aufhielt und solche trügerischen Reden führte, bewirkte sie, dass er die Last Feigenbaumzweige mit den Sprösslingen seiner Schultern ergriff und sie an ihren alten Ort zurücktrug. Als er gegangen war, jagte sie den Hans Urian aus dem Hause.

51 Feigenbaum-Unholdin.

Darum, Prabhāvatī, gehe an dein Werk, wenn du eine so hervorragende, von der Klugheit eingegebene Antwort weißt.«

So lautet die achtzehnte Erzählung.

19

Am andern Tage redete die Tochter des Kumudakōśa den Papagei an, um zu der Stätte des Stelldicheins mit Vinayakandarpa zu gelangen. Jener sprach: »Wenn du wie Madanavatī im Erteilen einer Antwort Meisterschaft zeigst, dann gehe.« – Darauf richtete Prabhāvatī, um diese Geschichte zu erfahren, eine darauf bezügliche Frage an den Fürsten der Vögel, und dieser sprach das Wort: »Höre! Es gibt ein Dorf mit Namen Kāumudīdaṃhinī. Dort lebte ein Rājput mit Namen Trilōcana; dessen Gattin hieß Madanavatī. Sie befand sich in außerordentlichem Schönheitszustande; aber obgleich sie vertraut war mit einer Fülle von Mitteln, ihre Gewandtheit im Buhlen zu betätigen, fand sie doch keine Gelegenheit dazu, da sie von allen Seiten durch Wächter am Ausgehen gehindert wurde. So verging die Zeit, als sie an einem besonders festlichen Tage von ihrem Gatten die Erlaubnis erhielt, auszugehen, um in der Gaṅgā zu baden. Sie ergriff also die zum Gottesdienste gehörigen Gerätschaften und begab sich, von einer Dienerin begleitet, nach dem Tempel des Śiva, um Dhūrjaṭi[52] vor Augen zu treten, indem sie Anhänglichkeit an Bhava[53] zur Schau trug. Als sie nun aus der Nähe dieses Elefantenfellträgers zurückkehrte und sich erging, reich im Offenbaren von Koketterie, die Ufer der Augenwinkel wogend, in Pantomimen erfahren, vom Gewande entblößt (??), voll mannigfacher Heldenstücke, deutlich sichtbar, mit ihrer Person selbst gleichgültige Asketen erschütternd, gleichsam eine verkörperte Obergottheit der Liebe – da erblickte sie auf der Straße einen jungen Mann,

52 Name für Śiva.

53 Name für Śiva.

gleichsam einen zweiten Liebesgott, der aus Furcht vor dem Donnerkeile des Khaṇḍa[54] seinen Bogen hat fallen lassen. Diesen Ersten unter den in der Gesamtheit der Künste Erfahrenen, dem sie durch die Augenbotinnen Botschaft sandte und in welchem sie durch eben diese Blicke das Feuer des Waldbrandes Liebe entfachte, holte die Schöne in ihre Nähe, nachdem er seine Aufmerksamkeit darauf gerichtet hatte, ihre Absicht zu erkunden.

Was man mit Worten ausspricht, versteht sogar das Vieh; Pferde sowohl als auch Elefanten ziehen, wenn man sie antreibt. Der kluge Mensch errät sogar Unausgesprochenes: dazu dient ja der Verstand, dass man auch die Gebärden Anderer versteht. Essen, Schlafen, Furcht und Begatten – das haben die Tiere mit den Menschen gemein; Wissen ist der auszeichnende Vorzug der Menschen; wer des Wissens ermangelt, ist dem Viehe gleich.

Darauf kam er in ihre Nähe und ließ seine Rede erschallen: ›Warum hast du mich herbeigeholt? Nenne den Grund dafür!‹ – Da entgegnete sie: ›Ich habe Verlangen nach dir bekommen! Darum musst du in meine Wohnung kommen und zu meinem Manne gehen. Ich werde dann zu meinem Gatten sagen: Das ist meiner Mutterschwester Bruder. Du musst aber auch nach meinen Worten handeln! So werden wir auf diese Weise das Leben für einige Tage trefflich gestalten, dessen Kern in einer Reihe von Handlungen besteht, die auf das Versenken in Genüsse in Fülle abzielen.‹ – Da ging der Brahmane auf ihr Wort hin in ihr Haus und bekam ihren Gatten Trilōcana zu Gesichte, den er ehrerbietig begrüßte. Bei dieser Gelegenheit erstaunte Trilōcana und wurde voll eifrigen Verlangens, zu erkunden, woher dieser Mann wäre, der so bekannt tat. Da trat Madanavatī herzu und sprach eifrig los: »›Kennst du den oder

54 Name für Śiva.

nicht? Es ist meiner Mutterschwester Bruder mit Namen Dhavala. Seit mein Vater mich dir gegeben hat, das sind jetzt zwölf Jahre, ist er nicht gekommen. Seine Mutter hat die Augen zugemacht; da ist der Mann nun gekommen, in die Nähe eines Herzens fliehend vor der Qual des Kummers hierüber.‹ (?) Als sie nach diesen Worten zitternd und weinend jenen ansah, tröstete er sie mit Worten, welche die Vergänglichkeit des Irdischen bekundeten; darauf wies er diesem seinem zu Besuch gekommenen Schwager Dhavala in der Behausung der Madanavatī gerade seine Wohnung an. – In der Nacht nun kam Madanavatī, setzte sich auf die Bettstatt des Dhavala und sprach bei ihm weilend: ›Wenn du es wünschst, dass wir Beide uns ganz außerordentlich genießen, dann siehe nur jetzt diese meine behende Erfahrung und Gewandtheit!‹ – Als er das vernommen hatte, antwortete er: ›Jawohl!‹ – Wiederum sagte Madanavatī: ›Für Gewandtheit, die Grundbedingung, um den Gatten zu betrügen, werde ich sorgen; du genieße mich nach Herzenslust!‹ – Mit diesen Worten legte sie sich nieder. Da tat nun jener Dhavala nicht liebenswürdig, worauf die kecke Schöne, als sie das vernahm, sich zum Reden anschickte: ›Du bist ja ein Tugendbold! Du willst mich vermittelst dieser Zurückweisung wohl hinunterschlingen, Dhavala? Du bist des Paśupati[55] höchster Verehrer!‹ – Da sagte jener Dhavala zu ihr: ›Warum hast du mich hierher geholt! Was für einen Ausweg soll ich finden!‹ – Sie entgegnete: ›Wenn du nicht nach meinen Worten handelst, werde ich dich bestrafen!‹ – Nach diesen Worten ließ sie wiederholt ihre Stimme erschallen: ›Ich bin beraubt!‹ – Da erwachten über diesem ihrem wiederholten Rufe ›Ich bin beraubt!‹ die Leute, der Gatte u. s. w. Da fiel ihr jener zu Füßen: ›Nur einmal erschrecke mich nicht! Errette mich,

55 Śiva.

Herzensliebling! Dann will ich auch deinen Wunsch erfüllen.‹ – So sprach er.

Nun, Prabhāvatī, wie gab sie diesem ihrem Ausrufe einen anderen Sinn?« – Darauf begann Prabhāvatī das zu überlegen, um es zu erfahren; aber nachdem wiederum die Nacht vorübergegangen war, ohne dass sie es sich im Spiegel ihrer Einsicht hatte abspiegeln sehen, sprach sie zu dem Eigeborenen: »Nenne du jenen Ausweg!« – Er sprach zu Prabhāvatī: »Da sagte Madanavatī zu dem Brahmanen: ›Lass dein Haar mit gelöstem Knoten hängen und stelle dich, schlaff an allen Gliedern, schlafend!‹ – Darauf goss sie die Milchspeise, die sie vorher zum Anfachen des Feuers des Ungleichpfeiligen besorgt hatte[56], rings herum. Nun kam der Gatte der Madanavatī mit einer Lampe bewaffnet herbeigelaufen und sagte zu ihr: ›Was ist denn hier geschehen?‹ – Sie antwortete unter Tränen: ›Höre, Herr meines Lebens, weshalb ich wiederholt *Ich bin beraubt* gerufen habe: der unbarmherzige Todesgott ist im Begriffe, mein Juwel zu zerbrechen!‹ – Da fasste Trilōcana jenen ins Auge und sagte zu Madanavatī: ›Bleib du hier und passe auf!‹ – Nach diesen Worten entgegnete sie: ›Was nützt mein Aufpassen, wenn du allein imstande bist, ihn zu retten! So rette du ihn! Er hat Brechdurchfall bekommen; die ganze Zeit her hat er sich erbrochen. Jetzt ist er bewusstlos und regt sich nicht.‹ – Trilōcana antwortete darauf: ›Sei nicht betrübt! Es ist ja ein schwerer Anfall gewesen, aber glücklicherweise ist die verderbliche Speise durch das Erbrechen ausgestoßen worden; der Brechdurchfall ist vorüber. Bleib bei ihm; und wenn der Anfall über Nacht heftiger werden sollte, dann sage es mir!‹ – Nach diesen Worten entfernte sich Trilōcana; die Beiden aber wandten sich vergnügt zu der Ausführung des Liebesgenusses.

56 Vergl. Kāmasūtram § 61 (S. 467 f. meiner Übersetzung).

Darum, Prabhāvatī, wenn du auch solche Klugheit in Fülle und Wirksamkeit zur Erscheinung bringst und so dein Vorhaben auszuführen weißt, dann gehe, Herrin!«

So lautet die neunzehnte Erzählung.

20

Wiederum richtete Prabhāvatī eifrig fragend ihre Worte an den Fürsten der Vögel, und dieser ließ seine Rede gegen sie strömen: »Wenn du wie Kāntimatī dich durch schwere Verlegenheit hindurch zu winden weißt, dann gehe an jenes Werk.« – Von Prabhāvatī nach der Mitteilung dieser Geschichte gefragt sprach der Fürst der Vögel: »Es gibt eine Stadt mit Namen Prabhāpura. Dort lebte ein Töpfer, genannt Mandabuddhi, dessen Frau Kāntimatī war der Unzucht ergeben. Einst befand sie sich mit dem Buhlen in dem Hause, als ihr Mann dazukam.

Nun sage an, Prabhāvatī: was für eine List wandte sie bei dieser Gelegenheit an?« – Prabhāvati überlegte eifrig, aber sie fand die Antwort darauf nicht. Da begann der Papagei, es zu berichten: »Als sie den Gatten herankommen sah, sprach sie zu ihrem Hans Urian: ›Steige hier auf diesen Burbura (?)-Baum und sage kein Wort. Ich will schon eine Antwort geben!‹ – Da lief er voller Furcht und ohne Kleider hin und kletterte auf den Burbura-Baum. Der Töpfer kam herbei; und indem er jenen sah, der auf den Burbura-Baum geklettert war, sagte er zu ihm: ›Heda, wer bist du?‹ – Aber er antwortete nicht. Da ersehnte nun Kāntimatī volle Freiheit der Rede: ›Seine Feinde waren hinter ihm her, um ihn zu töten. Aus diesem Grunde entfloh er voller Furcht und kletterte auf diesen Baum. Entsetzt über sein Schicksal und an Leib und Seele zitternd daherkommend hat er seine Sprache verloren und sitzt nun schon seit Tagesanbruch hier, nachdem er diese sichere Stätte gefunden hat.‹ – Als der Töpfer das gehört hatte, sagte er zu dem auf dem Baume Sitzenden: ›He, du wie ein Teufel Nackter, steige von dem Baume herab!‹ – Da stieg er von dem Baume hinunter; und nachdem ihn jener besehen hatte, gab er ihm Kleider, hieß ihn unbesorgt sein und entließ ihn ohne Missgunst.

Wenn du solche Einsicht zeigst, dann gehe!«

So lautet die zwanzigste Erzählung.

21

… Darauf fragte Prabhāvatī den Vogel nach dem Unternehmen des Vitarka, und er sprach: »Es gibt eine Stadt mit Namen Vidyāpura. Dort lebten zwei Studenten, Vitarka und Kēśava, beides verschmitzte Burschen, die dort studierten. Im Verlaufe der Zeit war nun Kēśava einst nach dem Teiche gegangen, um die Abendandacht zu verrichten. Dahin kam auch eine Kaufmannsfrau, um Wasser zu holen. Diese sagte zu Kēśava: ›Fasse den Krug mit der Hand und hebe ihn mir auf den Kopf!‹ – Da fasste Kēśava auf ihr Geheiß mit der Hand zu und hob ihr den Krug auf den Kopf. Dabei bemerkte er, dass sie schön von Angesicht war; und da sie ihm den Mund zukehrte, biss er sie in die Lippe. Diese Tat bemerkte in ihrem ganzen Verlaufe ihr Gatte, der von ferne zusah. Da kam er herbei und ergriff den Kēśava; eine Menge Menschen versammelte sich und schickte sich an, Kēśava nach dem Palaste des Königs zu führen, als Vitarka Kunde davon bekam. Eilends begab er sich in seine Nähe, als jene ihn eben nach dem Hause des Herrschers zu bringen sich bemühten.

Nun, Prabhāvatī, durch welche List ward er befreit?« – Da geriet Prabhāvatī in eine Menge Sorgen; aber sie fand es nicht. Darauf wandte sie sich an den Papagei, und dieser ließ seine Stimme erschallen: »Als nun Vitarka gesehen hatte, dass Kēśava gefasst worden war, sprach er zu ihm: ›Ahme den Laut cucumba nach; nur dies Wort darfst du aussprechen; weiter gar nichts darfst du sprechen. Dann wende den Hals bald nach hinten, bald nach vorn. Darauf will ich schon eine Antwort geben.‹ – Nun merkte sich Kēśava das genau und gab auch einen solchen Laut von sich. So kam er an den Hof des Königs. Darauf begannen die königlichen Beamten ihn zu fragen: ›Was hat dieser verbrochen?‹ – Nachdem gemeldet worden war, dass er die Frau eines Anderen geküsst habe, fragte der Beamte des Königs den Kēśava. Da begann dieser, den Hals hinauf und hinunter zu biegen und sagte immer und immer wieder das Wort cucumba; weiter sagte er nichts. Darauf sprach Vitarka zu dem Beamten des Königs: ›Herr, dieser Brahmane leidet an dämonischen Anfällen. Seitdem zittert sein Hals, und er spricht immer dieses eine Wort aus; solchergestalt äußert sich die Besessenheit, an der er leidet; auch wissen alle, dass er besessen ist.‹ – Als der König das überlegt hatte, sprach er: ›Wenn er wirklich das Wort ausspricht, entsteht im Herzen aller die irrige Meinung, als habe er geküsst. Gebt euch alle zufrieden!‹ – Mit diesen Worten hieß er den Kaufmann gehen; auch Kēśava befreite und entließ er.

Darum, Prabhāvatī, wenn du ebensolche List zu finden weißt, dann gehe.« –

So lautet die einundzwanzigste Erzählung.

22

Am anderen Tage forderte darauf Prabhāvatī den Papagei zum Erzählen auf; und er sprach: »Herrin, wenn du wie Vāijikā den Zorn des Gatten entkräftigen kannst, dann führe dein Vorhaben aus; wenn du es verstehst, eine so hervorragende List anzuwenden, dann gehe.« – Darauf fragte Prabhāvatī den Vogel nach der Geschichte der Vāijikā, und jener sprach: »Es gibt eine Stadt Namens Nandanavāṭikā. Dort lebte ein Rājput mit Namen Karṇasiṃha; dessen Frau war Vāijikā. Im jugendlichen Alter stehend sann sie auf Unzucht; aber im Herzen ihres Mannes nahm sie eine derartige Stelle ein, dass sie ihm lieber war als das Leben. Eines Tages war sie damit beschäftigt, dem Gatten das Haupt mit Öl zum Salben zu begießen. Währenddem kam ihr Buhle gegangen, erschien an der Tür und lud sie durch Verabredung eines Stelldicheins vermittelst Zeichen ein. Da nun die außerordentlich Unzüchtige zu ihrem Buhlen gehen wollte, sagte sie zu ihrem Manne: ›Alles Wasser, was wir hier haben, ist zu heiß; kaltes Wasser aber ist nicht da, das durch seine außerordentliche Hitze unerträgliche Wasser erträglich zu machen. Das auf dem Ofen befindliche Wasser ist von dem Feuer erhitzt worden. Darum will ich den Krug nehmen und gehen, um Wasser zum Daruntermischen zu holen.‹ – Darauf sagte jener: ›Zur Abendzeit, in solcher Finsternis, musst du nicht ausgehen; ich will das Wasser zum Baden nehmen, wie es eben ist.‹ – Trotzdem er ihr so wehrte, nahm sie doch den Krug und ging aus, um Wasser zu holen: der Gatte, als Inbegriff aller Dinge, muss ja besonders eifrig bedient werden! – Sie ging nun zu ihrem Hans Urian und erfüllte jeden Augenblick alle Wünsche des Herzens durch eine Menge nicht geringer Wonne. Bei Tagesanbruch, zur Zeit des Sonnenaufganges, erhob sie sich dann und begann sich zu sorgen: ›Durch welches Mittel soll ich den Zorn des Gatten besänftigen?‹

Nun, Prabhāvatī, sage an: durch welches Mittel wendete sie den Zorn des Gatten ab?« – Prabhāvatī dachte darüber nach, fand es aber trotzdem nicht. Darauf sagte der Papagei: »Herrin, bei Aufgang der Sonne stellte sie ihren Krug an der Schöpfstelle, wo es Wasser gab, mit der Öffnung nach oben hin, beugte sich mit der Brust darüber und tat einen schweren Fall hinab, hielt sich aber an dem Seile fest, welches an der hinab führenden Treppe befestigt war. Als es nun ganz Tag geworden war, kam ein Kranzwinder in die Nähe der Frau; und da er bemerkte, dass da eine Frau an dem Seile hing, welches an der hinab führenden Treppe befestigt war, begann er da auszurufen: ›Eine junge Frau ist in dem Wasserloche!‹ So rief der Kranzwinder. Da liefen die Menschen zusammen; und Karṇasiṃha, der den Lärm dieser Menschenmenge hörte, sprach in seinem Herzen: ›Wenn das so ist, dann ist eben Vāijikā in das Wasserloch gefallen; daran ist kein Zweifel. Darum ist sie auch nachts nicht nach Hause zurückgekehrt.‹ – Nach diesen Worten kam er eilends herbeigestürzt; und als er nun Vāijikā in dem Wasserloche erblickt hatte, zog er sie heraus. Darauf betrachtete er ihr gegenüber sein Leben (als wertlos) wie Gras. (??)

Also, Prabhāvatī, wenn du derart Helligkeit des Geistes zeigst, dann gehe.«

So lautet die zweiundzwanzigste Erzählung.

23

Wiederum brachte die Tochter des Kumuda, um zu Vinayakandarpa gelangen zu können, den Vogel zum Reden; und der Papagei ließ seine Stimme erschallen: »Herrin, wenn du wie Dhanaśrī eine Antwort zu geben im stande bist, dann gehe ans Werk!« – Darauf sagte Prabhāvatī zu ihm: »Was für eine Antwort gab die in Rede stehende Frau? Teile mir dieses Abenteuer mit!« Nach dieser Aufforderung sprach der Papagei zu Prabhāvatī: »Höre du, die du Hunderte von außerordentlich leuchtenden Vorzügen dem Ohre bietest. Es gibt eine unter dem Namen Padmāvatī bekannte Stadt. Dort lebte der ungezählte Reichtümer besitzende Kaufmann Suvēśa; dessen Frau war Dhanaśrī. Zwischen diesen beiden herrschte außerordentliche Zuneigung voller Behaglichkeit. Nun ging Suvēśa einstmals über Land, um Geld zu erwerben, während Dhanaśrī zu Hause blieb. Infolge des Schmerzes der Trennung von ihrem Gatten war Dhanaśrī da in ihrem Herzen durch das bittere Leid der verschiedenen Stadien (der Liebe)[57] verstört und schätzte einen Augenblick an Dauer einem ganzen Weltalter

57 Kāmasūtram p. 318 meiner Übersetzung.

gleich. Nun machte ein Rājput mit Namen Dhanapāla sie zum Gaste seiner Augen; und infolge der Wonne, welche ihm die Hingabe an die aus diesem Anblicke entstandene Liebe gewährte, gelangte er in alle Stadien, wie niedergeschlagener Gesichtsausdruck u. s. w., die allzumal auf ihn hereinbrachen und ihm eilig Pein verursachten; und da er Tag und Nacht ununterbrochen die Ausläufer seiner alleinigen Sorge auf sie richtete, brachte er es dahin, dass sein Leib vollständig dahinschwand. Durch die Vermittlung einer Botin gewann er sie nun für sich und genoss sie, die den Wünschen seiner lotusfrischen Jugend entsprach, wie sie in seinem Herzen entstanden waren, welches von der Fülle neuer, aus der Zusammenstellung der beiderseitigen Schönheit sich ergebenden Gefühle prangte. Als nun beide so bei irgend einer Gelegenheit zusammen spielten, hatte Dhanaśrī ihre Gedanken auf irgend einen besonderen Punkt gerichtet und hielt auf diese Weise jenes Spiel auf. Da schnitt ihr Buhle ihr in der Eifersucht darüber mit dem Messer die Haarflechte ab, ging hinaus und entfernte sich. Indem kam Suvēśa, der eine Menge Geld erworben hatte, auf seine Behausung zugeschritten.

Nun gib an, Tochter des Kumudakōśa, welche List sie bei dieser Gelegenheit, da das Walten des Verstandes verwirrt war, anwandte, um die eigene Beschämung[58] zu vermeiden.« – Prabhāvatī, die zwar einen gewandten Geist von reicher Gestaltung besaß, fand das doch nicht, wiewohl sie im Verlaufe der Nacht ihre Gedanken auf die Prüfung dieser Sache richtete. Darauf behob am Morgen auf ihr Geheiß der Papagei ihre Zweifel, als sie noch ganz in das Nachdenken über das schwer zu enträtselnde Wort versunken war: »Als sie merkte, dass draußen der Gatte gegangen kam, sandte sie ihm die Botschaft entgegen: ›Bleib doch dort einen Augenblick stehen und nimm

58 Über den Verlust der Haarflechte.

die Gelegenheit wahr, aufrecht zu verweilen. Ich komme sogleich, nachdem ich mit einer Schüssel ungehülsten Kornes in der Hand mein Gelübde vollständig eingelöst habe.« – Darauf traf sie alle Vorbereitungen zur Andacht, zündete …[59] Lampen an, schüttete Korn auf eine Schüssel (?) u. s. w., legte dann die Haarflechte oben darauf und ging hinaus. Als sie ihn erblickte, schüttelte sie über ihm die Flechte hin und her, streute auch Safranblütenstaub und ungehülstes Korn als Symbole der Sonne über ihn und gab ihm davon in beide Hände. Als nun Suvēśa die Dhanaśrī anredete, ließ diese ihre Augen vielfach umher rollen und begann dann zu ihm zu sprechen: ›Vor zwei Tagen habe ich einen bösen Traum gehabt, der deine Auflösung in die fünf Elemente andeutete. Dadurch bekam mein Leib infolge der schweren Kümmernis das Zittern in die Schösslinge der Hände, und ich flehte deshalb inbrünstig die Hausgottheit an: Wenn mein Gatte mit gesundem Leibe aus dem Dorfe zurückkehrt, dann will ich dir gegenüber unter Büßung meines Hauptes mein Gelübde einlösen, nachdem ich (die Flechte) über seinem Haupte hin und her geschwenkt habe. So habe ich es der Gottheit versprochen, und deshalb habe ich meine Flechte abgeschnitten, sobald meine Augen dich erfassten. Unsagbares Glück ist mir jetzt zu teil geworden.‹ – Darauf nahm Suvēśa sie in den Arm und sprach: ›Eine so treffliche Frau, wie du bist, gewinnt man nur durch eine Fülle alter verdienstlicher Werke! So lange du da bist, wird mich von keiner Seite Not treffen.‹ – Mit diesen Worten schmückte er sie mit Schmucksachen.

Darum, Prabhāvatī, wenn du es verstehst, solche List anzuwenden, dann gehe an dein Werk.«

So lautet die dreiundzwanzigste Erzählung.

59 mahala??//

24

Wiederum warf die Geliebte des Madanasēna, da sie sich mit dem Buhlen erlustigen wollte, ihre Augen auf den Papagei, und dieser sprach: »Wenn du wie Anaṅgasēnā Erfahrenheit des Geistes besitzt, dann richte deine Gedanken jetzt auf das, woran du Gefallen findest.« – Darauf fragte Prabhāvatī den Vogel: »Wie war das Abenteuer der Anangasēnā? Erzähle das doch!« – Da hob der Vogel an, um deren Abenteuer zu schildern: »In einer Stadt mit Namen Mālāpura wohnte ein Kaufmann namens Mahādhana; dessen Sohn war Guṇagāurava, und dessen Gattin Anaṅgasēnā. Diese hatte eifrigen Verkehr mit einem Liebhaber. Alle kannten sie von dieser Seite und erzählten in Gegenwart ihres Gatten von ihrem Treiben; aber dieser hörte auf niemandes Rede, da er in jene außerordentlich heftig verliebt war. Einstmals, als sie mit dem Buhlen vereint der Wollust pflegte, erklangen dabei die an ihren Füssen befindlichen beiden Fußspangen; und da sie im Herzen über dies Geräusch erschrak, legte sie die Spangen ab und bei Seite und genoss nun die Wonne des Liebesgenusses mit jenem weiter. Dieses ausgelassene Treiben sah ihr Schwiegervater, kam heimlich in ihre Nähe, nahm eine Fußspange weg und entfernte sich, wie er gekommen war. Da ward Anaṅgasēnā voll sorgender Erwägung: ›Er wird diese Geschichte meinem Manne erzählen, und dann werde ich meine Achtbarkeit verlieren und unglücklich sein. Wie ist also da ein gescheiter Einfall zu verwenden und was für einer?‹ – So war ihr Geist in Sorgen versunken.

Nun, Prabhāvatī, sage an: welche List gebrauchte sie?« – Darauf richtete Prabhāvatī ihre Gedanken auf diese Überlegung, aber sie wusste es nicht; und so ging die Nacht vorüber. Da fragte die Schöne den Vogel, und dieser sprach: »Darauf begab sich Anaṅgasēnā zu ihrem Gatten; und nachdem sie ihn im ausgelassenen Spiele der Liebe und Verehrung mit ihm zusammen durch die Offenbarung ihrer Vertrautheit mit der Fülle alter und neuer[60]) Besonderheiten (des Liebesgenusses) ergötzt hatte, begann sie in seiner Gegenwart einiges zu reden: ›Siehe, ich habe dich in's Gesicht einen schlechten Sohn genannt: aber nachdem der Tag vergangen ist, sind die Füße meines Schwiegervaters an meine Lagerstätte herangekommen und haben mir eine Fussspange weggenommen. So ist nun dein Vater!‹ – Als der Gatte das gehört hatte, antwortete er: ›Wenn er wirklich eine Spange weggenommen hat, dann gib mir die zurückgelassene; ich will die andere Spange schon besorgen. Mein Vater ist nun einmal immer so; keinen kann er sehen, aber dich besonders sieht er nicht gerne. Darum verhalte dich nur ganz ruhig. Du erweckst bei dem Alten in seinem Herzen feindselige Gesinnung; aber du sollst sehen, wie mein Herz darauf bedacht sein wird, dass er keinen falschen Verdacht mehr auf dich wirft.‹ – Mit diesen Worten vertröstete er sie; am andern Morgen aber kam der Vater mit der Fußspange zu seinem Sohne gegangen und schilderte vor dessen Ohren den ganzen nächtlichen Hergang. Als Guṇagāurava das hörte, sprach er das Wort: ›Geh, geh! Du kommst, mir etwas Schönes zu erzählen! Du hast ihr die Fußspange weggenommen und zum Entgelte dichten ihr die Leute ein schändliches Treiben an!‹ – Auf diese Worte hin verstummte der Vater (und dachte:) ›Anaṅgasēnā hat vorher ihren Mann unterrichtet; darauf gestützt lässt er nun die Worte seines Vaters nicht für wahr gelten!‹

Prabhāvatī, zeigst auch du solche Gewandtheit des Geistes, dann guten Erfolg!«

So lautet die vierundzwanzigste Erzählung.

60 Ich lese pūrvābhinava°.

25

Darauf redete die Tochter des Kumuda wiederum den Luftwanderer an, und dieser sprach: »Herrin, wenn du wie Mugdhikā im Stande bist, listiges Benehmen zu offenbaren, dann gehe.« – Von Prabhāvatī alsbald befragt erhob der Fürst der Vögel seine Stimme und sprach, um jenes Abenteuer mitzuteilen: »In einer Stadt mit Namen Madanapura lebte ein Kaufmann namens Janavallabha. Dessen Frau, Mugdhikā, war unaufhörlich die Gattin fremder Männer und zeigte ihrem Gatten gegenüber keine Spur von Liebe. Immer verachtete sie den Gatten und rechnete ihn nicht mit. Da teilte er dies Treiben seiner Frau dem Vater und anderen Verwandten von ihr mit: ›Sie tut mir nichts zu Gefallen: in der Nacht treibt sie sich immer überall umher, so dass ich allein im Hause schlafen muss.‹ – Als Mugdhikā das gehört hatte, sprudelte sie los: ›Er ist nicht an seinem Platze, der Sünder, der gemeine Kerl! Ich bleibe immer allein, während er vor der Tür einen Menschen aus der Stadt beschläft.‹ – Da setzten jene zusammen zwischen den Beiden fest: ›Wer heute Nacht von euch Beiden (im Hause) allein ist, der sagt die Wahrheit; wer aber draußen ist, der lügt!‹ – Nach dieser Vereinbarung gingen sie nach Hause, und nachdem Beide gegessen hatten, legten sie sich schlafen. Als nun die lotusäugige Mugdhikā merkte, dass ihr Gatte Janavallabha einem mit dem Siegel des Schlafes versehenen Baume(?) glich, wobei die Bezeichnung ›günstige Gelegenheit für das eigne Glück‹ wohl am Platze und die gesamte Festigkeit des Herzens im Schlafe dahin war, erhob sie sich und verließ das Haus. Darauf wachte er auf; und als er seine Genossin auf dem Lager suchte, war sie nicht da. In dem Gedanken, dass sie doch recht kühn sei, erhob sich der Gatte darauf und schloss die Tür zu. Als nun jene ihr Geschäft ohne Rest vollendet hatte und zurückkehrte, da war die Tür verschlossen!

Nun sage an, Prabhāvatī: welche List gebrauchte sie da?« – Wiewohl nun Prabhāvatī ihre Gedanken auf die Erwägung dieser Frage richtete, machte sie doch die List nicht ausfindig. Nachdem sie also die Nacht hingebracht hatte, fragte sie den Papagei nach jener List, worauf dieser sprach: »Höre du, die du für das Ohr ein Tugendschatz bist! Als jene gemerkt hatte, dass er die Tür zugemacht hatte, kauerte sie sich in der Nähe der Schwelle nieder und begann ein Selbstgespräch zu halten, so dass es Janavallabha hören konnte: ›Was habe ich da angerichtet! Verbrennen möge dies mein Leben! Ich bin trotz alledem ausgegangen: morgen früh werde ich vor meinem Vater und meinen Brüdern nicht wenig von Verlegenheit geschändet sein! Auf welche Weise soll ich also mein Leben von mir werfen? Oder soll ich es nicht?‹ – In solchem Zweifel befangen sprach sie folgende Strophe:

›Besser ist es, das Leben einzubüßen, als an der Ehre geschädigt zu werden: der Tod schmerzt nur einen Augenblick, eine Ehrenkränkung aber alle Tage.

Danach wird jetzt (mein Handeln) bestimmt!‹ – Nachdem sie so vor den Ohren ihres Gatten beschlossen hatte, ging sie mit den Worten: ›Ich werde mich in den nahe bei dem Hause befindlichen Brunnen stürzen‹ mit gleichsam unerschütterlichem Entschlusse nach dem Brunnen, ergriff einen über demselben liegenden Stein und warf ihn hinab; sie selbst ging hin und verbarg sich in der Nähe des Türpfostens. Der Stein aber sagte laut klapp! klapp!, als er in das Wasser fiel. Erschreckt durch dies Geräusch verließ jener zitternd und eilends sein Lager, öffnete die Tür, ging hinaus, begab sich nach dem Brunnen, legte seine Ohren daran und lauschte, um ein deutliches Geräusch von seiner Frau zu vernehmen, die dort hinabgestürzt war. In diesem Augenblicke schlüpfte sie in das Haus und schloss die Tür zu, indem ihre Klugheit wie Feuer brannte; (gleichsam) eine Schutzgöttin der verschmitzten Weiber, indem ihr Verstand sich in betrügerischen Kniffen offenbarte. Als nun jener in dem Brunnen durchaus kein Geräusch hörte, kehrte er zurück; aber indem er eintreten wollte, sah er, dass die Haustür verschlossen war. Da dachte er in seinem Herzen: ›Diese außerordentliche Tat hat Mugdhikā vollbracht!‹ – Nach diesen Worten sprach er, an der Tür stehend, zu Mugdhikā: ›Wir empfinden in unserem Herzen die größte Freude über deine Gewandtheit, wobei sich deine Einsicht offenbart hat!‹ – Als sie das gehört hatte, öffnete sie die Tür; und bei Beiden kam nun die Liebe im Übermaße zur Erscheinung.

Darum, Prabhāvatī, wenn du auch solche außerordentliche List zu entfalten weißt, dann magst du an die Erfüllung deines Wunsches denken.«

So lautet die fünfundzwanzigste Erzählung.

26

Wiederum fragte Prabhāvatī den Vogel, und dieser sprach zu ihr: »Wenn du wie der Brahmane Guṇāḍhya im Stande bist, eine eintretende Verlegenheit zu beseitigen, dann gehe an's Werk!« – »Diese Geschichte magst du berichten!« – Also von Prabhāvatī angegangen sprach der Vogel: »In einer Stadt mit Namen Viśālapura wohnte ein Brahmane namens Guṇāḍhya. Dieser begab sich, um Geld zu erwerben, in die Fremde und gelangte auf seinem Wege in eine Stadt. Hier machte er Halt und da er überlegte, was er dort unter Seinesgleichen anfangen sollte, blieb er ohne irgend eine Beschäftigung. Als er nun an einer Rinderhürde vorbeiging und ohne Beschäftigung überlegte, erblickte er in der Hürde einen Stier von gewaltiger Leibesgröße, mit lang herabhängender Halswamme, dessen Sehnen vor Alter schlaff geworden waren. Da kam nun Guṇāḍhya Tag für Tag in dessen Nähe, kraute dem Stiere mit einem Stücke trockenen Düngers den Leib und reichte ihm Gras, Korn u. s. w. zum Fressen. Durch diesen häufigen täglichen Umgang gewöhnte er den Stier an sich. So kam er also Tag für Tag und band ihn an einen Strick; und wohin er ging, folgte ihm der Stier nach und zeigte seine Wildheit durch das Drohen mit den Hörnern. Eines Tages nun legte er dem Stiere einen Sattel auf, stieg auf und begab sich zur Abendzeit nach dem Hause irgend einer Hetäre. An deren Kupplerin richtete er seine Worte: ›Ich bin Kaufmann; unsere mit Waren beladenen Stiere folgen mir nach und werden morgen früh ankommen. Ich aber bin vorweg gereist, um Geschäftliches zu erledigen und jetzt hierhergekommen. Wenn man zu spät nach dem bestimmten Ruhepunkte kommt, dann bietet der Tag nicht mehr genügend Zeit zum Ausruhen. Darum mögt ihr mir heute hier ein bequemes Unterkommen bereiten; was ihr fordern werdet, das werde ich bezahlen.‹ – Als die Kupplerin das gehört hatte, gab sie ihre Antwort kund: ›Was sagen der Herr so etwas, wie es nur dem Wesen gewöhnlicher Leute entspricht?! Der Herr gleichen ja einem Bewohner aus der andern Welt! Dieses Haus ist ganz das Eurige! Hier mögt Ihr vergnügt absteigen und wohnen. An dem Tage, wo Euresgleichen ankommt, ist ein Glückstag; die anderen sind Unglückstage. So ist auch meine Tochter, eine Hetäre für die Reisenden! Sie zeigt nie einen solchen Zustand der Erschöpfung, dass sie sagen sollte: Nimm ein glänzendes Otterköpfchen und lass mich einmal Wasser trinken!‹ – Darauf erhob der vermeintliche Kaufmann seine Stimme: ›Dieser mein Stier, mein Vermögen, könnte zu weit weggehen; an der Tür ihn festmachen schickt sich nicht; darum mag er im Stalle angebunden werden.‹ – Nach diesen Worten kehrte er dort ein, worauf sein Leib massiert und gebadet wurde u. s. w.; in der Nacht aber war er mit jener zusammen. Als die Zeit des Morgens herangekommen war, erhob er sich, raubte der Hetäre ihren ganzen Schmuck und entfernte sich; den Stier aber ließ er dort. Bei Tagesanbruch nun ging eine Dienerin hinaus und erblickte den dort angebundenen Stier. Nachdem sie nun diesen alten, mit der Wamme die Allträgerin berührenden, brüllenden Höckerträger betrachtet hatte, sprach die Dienerin zu der Kupplerin: ›Wem gehört der draußen angebundene Stier da?‹ – Als die Kupplerin diese ihre Worte vernommen hatte, erhob sie sich eilig und besah den Stier; endlich sagte die Kupplerin: ›Siehe da! Ist denn wohl der am Abend Angekommene noch im Hause?‹ – Während sie nachsah, merkte sie, dass er mit den Schmucksachen davongegangen war, nachdem er darauf den Stier noch (aus dem Stalle) geholt hatte. Da sagte die Kupplerin (zu sich selber): ›Wenn du diese unsere Schädigung weiter erzählst, werden wir unter allem Volke der Hetären dem Gespötte Raum und Ziel bieten.‹ – In dieser Überzeugung verhielt sie sich ruhig. Darauf, als viele Tage vergangen waren, brachte die Kupplerin Guṇāḍhya in den Bereich ihrer Augen: ›Das ist der, der mir alle meine wertvollen Sachen gestohlen hat!‹ – mit diesen Worten packte sie ihn und schickte sich an, ihn nach dem Palaste des Königs zu bringen.

Nun, Prabhāvatī, sage du an: welche List wandte er da an, als eine derartig verzwickte Lage über ihn hereinbrach?« – Da zeigte Prabhāvatī, wiewohl ihre Gedanken im Überlegen bewandert waren, doch nicht Einsicht genug. Darauf fragte sie bei Tagesanbruch den vom Schlafe entsiegelten Fürsten der Vögel; und der Papagei machte sich bereit, seine Worte entströmen zu lassen: »Während sie ihn festhielt und sich anschickte, ihn nach dem Hofe des Fürsten zu führen, begann er, in wiederholter Ausführung ›Siṃvō siṃvōlī!‹ dieses Wort auszusprechen. Als die Kupplerin ein derartiges Wort vernommen hatte, welches darauf hindeutete, dass jener von Geburt ein Caṇḍḍāla sei, geriet sie plötzlich in Furcht: ›Wenn (es bekannt wird, dass) sich dieser eine Nacht mit meiner Tochter erlustigt hat, wird mich von Seiten des Königs Bestrafung treffen!‹ – In dieser Überlegung ließ sie ihn los mit den Worten: ›Mach dass du weg kommst!‹ – Da antwortete er: ›Mein eilig schreitender Stier ist noch bei euch; den gebt heraus; wenn nicht, werde ich es jetzt in der Königsburg anzeigen und dich bestrafen lassen: Sie hat mit einem Mātaṅga[61] zusammen der Liebe gepflegt! So werde ich sagen und mich dann entfernen.‹ – Da ließ ihn die Kupplerin los, gab ihm irgend etwas und entließ ihn.

Darum also, Prabhāvatī, wenn du ebenso durch derartige Kraft und Macht des Verstandes eine Zeit der Verlegenheit zu überwinden weißt, dann gehe an's Werk!«

So lautet die sechsundzwanzigste Erzählung.

27

Wiederum bewirkte Prabhāvatī, welche zu der Wohnung des Buhlen gehen wollte, durch ihre Rede, dass der beste unter den Vögeln ein Wort der Antwort aussprach: »Herrin, wenn du wie der Senfdieb die eigne schwierige Lage zu beseitigen vermagst, dann gehe.« – Von ihr darauf befragt ließ der Papagei die Prabhāvatī diese Geschichte hören: »Höre auf den Gang meiner Worte, die den Ohren Wonne bereiten. In der Stadt Pratiṣṭhāna lebte irgend ein Dieb; der hatte im Spiel sein ganzes Geld verloren. In der Nacht nun drang er in das Haus eines gewissen Kaufmanns, nachdem er ein Loch in die Wand gebrochen hatte; und als er in diesem Hause gar nichts in den Bereich seiner Augen brachte, nahm er die Senfkörner, die er da in einem Gefäße erblickte, band sie in ein Tuch und wollte wieder hinausgehen. Indem bemerkten ihn die Soldaten des Königs; sie fassten ihn, banden ihm das Tuch mit dem Senf, welches er selbst zusammengebunden hatte, um den Hals und führten ihn in die Nähe des Königs. Da sagte der König zu diesen Soldaten: ›Nehmt ihn, gehet hin und tötet ihn!‹

61 Ein Mann niedrigsten Standes. Vergl. Erzählung 34 und 51!

Nun, Prabhāvatī, überlege auch du nach diesen Worten und sage es mir, durch welche List er sich unter solchen Umständen selbst geschützt hat.« – Prabhāvatī zeigte Gewandtheit im Überlegen, aber sie wusste diese Frage nicht zu lösen. Als sie dann merkte, dass es Morgen geworden war, drang sie in den vorzüglichsten unter den Vögeln, und dieser sprach: »Höre, Prabhāvatī! Der König ließ jenen also zur Hinrichtung führen. Da sagte der schmutzige Dieb zu dem Beherrscher der Erde: ›Ich kann auch durch hundert der dir zu Gebote stehenden Mittel nicht getötet werden. Mag der Herr auch, um mich zu töten, alles Mögliche versuchen – ich sterbe doch nicht!‹ – Da geriet der König in Erstaunen und fragte ihn: ›Was ist der Grund, dass du nicht sterben kannst?‹ – Darauf entgegnete er: ›Wissenskundige Leute tun den Kindern mit Zaubersprüchen geweihte Senfkörner als Amulett um den Hals, wodurch alle Schädigung durch Hexen, Geister, Gespenster und Dämonen unschädlich gemacht wird und kein Unfall sie quälen kann. An meinem Halse befindet sich nun gar eine ganze Last Senf: auf welche Weise wollt Ihr mir da den Eintritt des Todes bewerkstelligen?‹ – Als der Fürst der Erde das gehört hatte, sagte er: ›Lasst den laufen!‹

Darum, Tochter des Kumuda, wenn du ebenso eine List zu ersinnen weißt, dann vollbringe dein besonderes Vorhaben!«

So lautet die siebenundzwanzigste Erzählung.

28

Darauf offenbarte Prabhāvatī, welche sich mit dem Buhlen vereinigen wollte, dem Vogel die Koketterie ihrer Worte, worauf der Papagei, von ihr befragt, sagte: »Śāntikādēvī befreite durch die Offenbarung des Zutagetretens ihrer Klugheit ihren eignen Gatten, der in eine gefährliche Lage geraten war; wenn du nun auch solche Schlauheit anzuwenden weißt, dann gehe.« – So sprach er zu ihr; und von Prabhāvatī, welche diese

Geschichte gern erfahren hätte, darauf befragt sagte der Papagei zu ihr: »In der weit ausgedehnten Stadt Karabhā lebte ein hochangesehener Kaufmann namens Guṇagāurava; dessen Lebensgefährtin war Śāntikādēvī. Dieser Guṇagāurava aber betete Tag für Tag frommen Sinnes zu einer Yakṣiṇī, deren Tempel außerhalb der Stadt gelegen war. Einstmals, als er nachts ausging, um in dem Gotteshause der Yakṣiṇī seine Andacht zu verrichten, ging auch ein freches Frauenzimmer ihm auf dem Fuße nach. Da trafen nun Beide dort zusammen; und da er sie gar eindringlich bat, ihm den Liebesgenuss zu gewähren, verweilten sie Beide in dem Tempel drinnen. – Inzwischen kamen Wächter mit Laternen, welche in den Tempel hineinsehen und ihre Befürchtung, es möchten Diebe u. s. w. darinnen sein, beseitigen wollten. Diese brachten nun jene Beiden, die darin weilten, in den Bereich ihrer Augen. Da stellte der Wachthauptmann zur Bewachung rings um den Tempel Wächter auf und tat so vollständig seine besondere Pflicht, indem er gedachte, jene Beiden am nächsten Morgen dem Fürsten vor Augen führen zu wollen. Darauf bekam auch Śāntikādēvī Kunde hiervon.

Nun, Prabhāvatī, durch Anwendung welcher List befreite sie ihren Gatten?« – Darauf war Prabhāvatī eifrig dabei, die Prüfung dieser Frage vielfach vorzunehmen; aber sie fand jene List nicht. Zur Morgenzeit also redete die Schlankleibige den Papagei an; und dieser offenbarte das Gebaren des Verstandes der Śāntikādēvī; »Prabhāvatī, als jene Śāntikādēvī erfuhr, dass ihr eigener Gatte in dem Gotteshause von den Soldaten des Königs inmitten des Tempels gefangen gehalten werde, bereitete sie ein schmackhaftes Mahl, ließ vor sich her den Schall der Trommel erschallen und gelangte, mit sehr vielen gekochten Speisen ausgerüstet und reichlich versehen mit allen möglichen Gegenständen zum Gottesdienste, an den Tempel der Yakṣiṇī. Da sie nun die an der Tür zur Bewachung aufgestellten Soldaten erblickte, die niemandem den Zutritt gestatteten, ging sie geraden Weges auf sie los und sagte zu den Wächtern: ›Wenn ich die Ausführung der Andacht durch Verehrung u. s. w. der höchsten Herrin unterlasse, hat die Vornahme des Fastenbrechens keinen Zweck für mich. Heute sollt ihr in unserem Hause die Mahlzeit einnehmen; inzwischen holt euch Betel!‹ – Mit diesen Worten ließ sie das an ihrer Hand befindliche Armband in die Hand der Wächter gleiten. ›Ich will jetzt allein hineingehen, die Gottheit mit besonderer Andacht verehren, so mein Gelübde einlösen und dann zurückkommen und mich entfernen.‹ – Nach diesen Worten ging sie in den Tempel hinein. Als sie dorthin gekommen war, gab sie der unzüchtigen Frau ihre Kleider, Schmucksachen u. s. w. und ließ sie in dieser Verkleidung hinausgehen; sie selbst aber blieb dort. – Am andern Morgen aber meldeten die Wächter diese Geschichte dem Erdherrscher: ›Majestät, ein Kaufmann, Dhanabhūti (?) mit Namen, ist in Gesellschaft einer fremden Frau draußen in dem Göttertempel gefangen und festgehalten. Majestät möge seine Leute aussenden, um das in Augenschein zu nehmen; darauf ist er durch Auferlegung der darauf stehenden Strafe zu bestrafen.‹ – Da sandte der König auf deren Wort hin seine Leute ab und ließ nachsehen. Diese Leute kamen nach dem Tempel und erblickten Dhanabhūti, vereint mit seiner Frau! Als der König deren Bericht gehört und so vernommen hatte, dass Dhanabhūti mit seiner Gattin zusammen darin weilte, zürnte er den Wächtern sehr, ließ sie in Fesseln legen und entließ Dhanabhūti zusammen mit seiner Gattin.

Darum, Prabhāvatī, wenn du trotz des Eintrittes einer derartigen Unannehmlichkeit unter Nachahmung dieser hervorragenden List zu handeln im Stande bist, dann erfülle deinen Wunsch!«

So lautet die achtundzwanzigste Erzählung.

29

Darauf fragte Prabhāvatī den Vogel; und der Papagei sprach: »Herrin, wenn du wie Kēlikā eine ängstliche Lage zu beseitigen verstehst, dann unternimm den Liebesbesuch.« – Nachdem der Luftsegler so gesprochen hatte, fragte Prabhāvatī aus Neugierde nach dieser Geschichte den Eigeborenen, und dieser entgegnete: »Höre, Herzensfreundin des Madanasēna! In irgend einem Dorfe an dem Ufer der Bhīmarathī wohnte ein Bauer mit Namen Sāpula; dessen Ehegenossin war Kēlikā. An dem diesem gegenüberliegenden Ufer befand sich ein Śiva, der stets die Dinge gewährte, um die man bat. Mit einem seiner Anbeter zusammen buhlte sie nach Herzenslust. So ging sie eines Tages zur Nachmittagszeit nach dem Flusse mit einem Kruge, um Wasser zu holen. Nachdem sie nun so das Wasser geholt hatte, erblickte sie ihren Buhlen, den Verehrer jenes Siddhēśvara; und als sie aus dessen Nähe zurückkehrte, sah sie ihren Gatten.

Nun, Prabhāvatī, denke nach: was für eine List gebrauchte sie da?« – Wiewohl sich nun Prabhāvatī auf die Kraft ihrer Überlegung stützte, fand sie doch diese besondere List nicht. Darauf, als die Nacht auch vorübergegangen war, wandte sie sich an den Papagei, damit er jene Frage löste. Er sprach zu der Aufmerksamen: »Als sie von jenem Ufer herkam, erblickte sie ihr Gatte. Da setzte sie eilig den mit Wasser gefüllten Krug in dem Hause nieder, traf mit ihrer Nachbarin eine Verabredung, bereitete ihrer Schutzgottheit ein Bad u. s. w., vollbrachte eine sechszehnfache Verehrung durch Anbetung u. s. w. und begann dann zu beten: ›Göttin, ich habe dich angefleht! Darauf hast du ein Mittel angegeben, um den Tod (meines Gatten) abzuwenden: Du musst an dem anderen Ufer den Siddhēśvara anbeten und für den Gott gaḥsukās (?) sprengen. So bin ich nun jetzt in deine Nähe zurückgekommen, nachdem ich das Sprengen der gaḥsukās (?) vorgenommen habe. Ist nun das, um was ich dich gebeten habe, alles in Erfüllung gegangen oder nicht?‹ – Als sie so gesprochen hatte, sagte die Nachbarin derselben: ›Alles, um was du gebeten hast, ist voll in Erfüllung gegangen. Infolge jenes hervorragenden Gelübdes, welches du mit ganzer Aufmerksamkeit durchgeführt hast, hast du alles, um was du gebeten hast, ungehemmt erlangt. Das Leben deines Gatten gedeiht! Du darfst aber die Anbetung des Gottes Siddhēśvara nicht unterlassen.‹ – Diese Unterhaltung der Beiden hörte ihr Gatte mit an. Da dachte er in seinem Herzen also: ›So ist diese Arme damit beschäftigt, mir ein gutes Vorzeichen zu verschaffen!‹ – Darauf ehrte er sie und erfreute sie durch eine lange Reihe von Worten des Preises u. s. w.

Darum, Prabhāvatī, wenn du auch mit Gewandtheit die Anstellung einer Überlegung vornehmen kannst, dann gehe jetzt an die Erfüllung deines Wunsches!«

So lautet die neunundzwanzigste Erzählung.

30

Wiederum redete Prabhāvatī, um in die Nähe des Vinayakandarpa zu gehen, den Vogel an; und dieser sprach: »Herrin, wenn du wie Maṇḍōdarī bei der Vornahme der Umtauschung einer Antwort die eigene Klugheit leuchten lassen kannst, dann gehe an's Werk!« – Da drang Prabhāvatī, die diese Geschichte gern erfahren wollte, in den Papagei. Dieser sprach, um dieselbe mitzuteilen: »Herrin, in der Stadt Pratiṣṭhāna lebte ein junger Kaufmann, genannt Yaśōdhana; dessen Tochter war Maṇḍōdarī. Diese erweckte bei Yaśōdhana eine Liebe, die größer war als die zu dem eigenen Leben. Darum suchte er für sie einen Schwiegersohn; und so genoss denn jene Maṇḍōdarī mit ihrem Gatten zusammen daheim unaufhörlich das Wunder des Liebesgenusses. Nun war da die Freundin der Maṇḍōdarī, Makarandadaṃṣṭrā, die am königlichen Hofe ausund einging; diese bewirkte, dass Maṇḍōdarī mit einem Königssohne Umgang hatte. Später wurde Maṇḍōdarī von diesem Königssohne schwanger. Da sich nun die Schwangerschaftsgelüste einstellten, bekam sie Verlangen nach dem Genusse von Pfauenfleisch. Eines Tages also, als der zahme Pfau des Königs einherspazierte, tötete sie an einer abgelegenen Stelle, von allen ungesehen, diesen Pfau, kochte sein Fleisch und verspeiste es. Darauf erzählte sie einst davon in Gegenwart ihrer Freundin Makarandadaṃṣṭrā in ihrer Vertrauensseligkeit: ›Ich habe in meinem Schwangerschaftsgelüste, welches sich in dem Verlangen nach dem Genusse von Pfauenfleisch äußerte, den königlichen zahmen Pfau getötet und so mein Gelüst befriedigt.‹ – So erzählte sie in ihrer hingebenden Liebe. – Nun war der zahme Pfau des Königs nicht mehr zu sehen, da er sich irgendwohin verlaufen hatte. Um denselben aber wiederzufinden, ließ der König unter Ausrufen seine Flagge entfalten. Da berührte (?) Makarandadaṃṣṭrā dieselbe, worauf die Leute des Königs dieselbe fragten. Makarandadaṃṣṭrā antwortete: ›Die Tochter des Kaufmanns Yaśōdhana hat den Pfau getötet; ich will euch durch die Worte aus ihrem eigenen Munde davon überzeugen. Wenn ihr nur einen zuverlässigen Mann mit mir absenden wollt!‹ – Nach diesen Worten tat sie (einen Mann) heimlich in eine Kiste, lud sie jemandem auf den Kopf und begab sich damit in die Nähe der Maṇḍōdarī. Als sie dorthin gekommen war, ließ sie die Kiste absetzen und sagte dann zu Prabhāvatī: ›Du bist mir lieber als mein Leben! Außer dir betritt keine den Pfad meiner Nähe! Darum will ich meinen ganzen Vorrat an Kleidungsstücken, Schmucksachen u. s. w., so viel sich davon findet, in deine Hände legen!‹ – Mit diesen Worten setzte sie sich nieder und sprach dann weiter: ›Maṇḍōdarī, erzähle doch noch einmal um deinetwillen die Geschichte von dem Pfauenfleischgenusse! Wie hast du ihn getötet? Und was für einen besonderen Geschmack hattest du, als du sein Fleisch verspeistest? Das hat dir doch bei der Sättigung Behagen verursacht? Da ich Verlangen trage, das zu hören, so gib mir ungehinderten Laufes eine recht eingehende Erzählung!‹ – Darauf begann Maṇḍōdarī, deren Worten entsprechend, jenen Bericht zu erstatten. Als das Ende der Erzählung gekommen war, machte Makarandadaṃṣṭrā ›Hm!‹ und klopfte ganz langsam mit der flachen Hand auf die Kiste. Da Maṇḍōdarī dieses ihr Gebaren bemerkte, bekam sie Angst (und dachte): ›Makarandadaṃṣṭrā klopft alle Augenblicke mit der flachen Hand auf die Kiste; da hat sie gewiss aus Geldgier ihre Treue (?) gebrochen! Die oberste der Schurkinnen ist hiergekommen, nachdem sie einen Mann des Königs in die Höhlung der Kiste hineingetan hat. Was ist da also weiter zu tun? Nun habe ich auch die ganze Geschichte mit dem Pfauen in Gegenwart dieser hinterlistigen Frau unbedenklich erzählt!‹ – So geriet sie nun in den höchsten Grad der Sorge.

Nun, Prabhāvatī, was für eine List wandte sie da in dieser damaligen, also beschaffenen Lage an?« – Darauf verbrachte Prabhāvatī diese Nacht, indem sie, den Worten des Papageis nachgehend, ganz in das Nachdenken darüber versunken war; bei Tagesanbruch aber fragte sie den Flügelfahrer, dem das Siegel des Schlafes abgenommen worden war; und dieser sprach: »Höre, Prabhāvatī! Nachdem jene Maṇḍōdarī in deren Gegenwart erzählt hatte, verstummte sie. Darauf drang Makarandadaṃṣṭrā mit der Frage in Maṇḍōdarī, was weiter geschehen sei. Darauf sprach Maṇḍōdarī: ›Darüber kam die Zeit der Morgenstunde heran, und auch die Sonne gelangte zum Aufgange. Darum sage an, Makarandadaṃṣṭrā: was hat dieser Traum zu bedeuten? Du weißt, ob sein Erfolg gut oder nicht gut sein wird; daher habe ich ihn in deiner Gegenwart erzählt.‹ – Als das der in der Höhlung der Kiste befindliche Minister gehört hatte, entfernte er sich, ging hin und meldete dem Könige: ›Maṇḍōdarī hat vor Makarandadaṃṣṭrā (nur) von einem Traume gesprochen; diese aber hat uns erzählt, dass

Maṇḍōdarī den Pfau (wirklich) getötet habe!‹ – Als der König das vernommen hatte, zürnte er der Makarandadaṃṣṭrā.

Darum, Prabhāvatī, wenn du eine solche hervorragende List zu gebrauchen weißt, dann richte deine Aufmerksamkeit aufmerksam darauf.«

So lautet die dreißigste Erzählung.

31

Nun richtete Prabhāvatī (wieder) ihre Frage an den Papagei, und dieser sprach: »Herrin, der Dieb Maticakōra wusste sein Verderben abzuwenden: wenn du ebenso Klugheit zu gebrauchen verstehst, dann gehe hin!« – Darauf ließ Prabhāvatī ihre Stimme fliegen: »Berichte das Abenteuer des Maticakōra!« – Darauf ließ der Vogel, also angeredet, seine Worte los, um dies Abenteuer mitzuteilen: »Merke auf, Prabhāvatī! In dem Lande Gurjara ist eine Stadt mit Namen Bhṛgukṣētra; dort lebte ein Brahmane, der war ein Einfaltspinsel und ganz besonders vom Glücke verlassen. Er begann, sich dem Spiele zu ergeben und kam dann allmählich in den Ruf eines Räubers. Als nun irgendwo (bei einem Einbruche) ein Teil der Wand einfiel, die er durchbrochen hatte, wurde er als Dieb ergriffen, und man führte ihn in die Nähe des Königs. Dieser gab den Befehl, ihm diejenige Strafe aufzuerlegen, die einem Diebe gebührt. Es heißt da:

Die Strafe des Diebes ist Enthauptung, die Strafe des Wissenden ist Nichtbeachtung, die Strafe der Gattin ist Alleinschlafen, die Strafe des Freundes ist Schweigen.

Nach diesen Worten ließ er ihn zur Hinrichtung fortführen.

Nun gib an, Prabhāvatī: wie rettete sich Maticakōra, nachdem er in diese so gefährliche Lage gekommen war?« – Darauf redete Prabhāvatī, die das trotz Anwendung ihrer Gewandtheit im Nachdenken nicht fand, den Luftwandler an; und von ihr befragt vertrieb denn der Papagei mit seinen Worten ihre Ungewissheit: »Höre, Prabhāvatī! Darauf meldete der Räuber dem Könige: ›Majestät, ich habe noch ein Wort zu sagen: Ich habe in meinem festen Besitze ein Wissen, welches dem Steine der Weisen gleich und trefflich ist. So kann ich von der Zukunft eine besondere Kunde geben.‹ – Darauf sprach der Erdherrscher: ›Rede!‹ – Da sagte er: ›Majestät, das sollst du ohne Mühe, bloß mit einem kurzen Vernunftseitenblicke, erfahren. In einer einzigen Nachtwache wird die ganze Welt verändert sein; ganz grauenhafte Finsternis wird herrschen. Wenn du den Wunsch hegst, einen solchen ganz außerordentlich großen Unfall der Welt zu verhüten, so handele danach; sonst ist alles verloren; das sehe ich.‹ – Darauf ließ der Erdherrscher seine Stimme erschallen: ›Wie wird also dieses Unglück abgewendet? Sage es!‹ – Als er den Befehl des Königs vernommen hatte, antwortete er: ›Gib mir dein Wort, dass du selbst dieses Unglück abwenden willst; dann werde ich reden.‹ – Da gab ihm der König sein Wort, worauf jener dem Könige das Vorbeugungsmittel angab: ›Wisse, dass du mich am Leben lassen musst; dadurch wird jenes Unglück abgewendet.‹ – Der König sprach: ›Was bedeutet dann aber deine Behauptung, dass die Welt sich verändern werde?‹ – Jener antwortete: ›Höre, Großfürst der Erde! Wenn das eigene Ich dahin ist, bekommt auch die ganze Welt in ihrem Aussehen das Zeichen des Endes. Wenn ich tot bin, wird auch die ganze Schöpfung verändert. Wenn mich die Anderen nicht mehr kennen, was habe ich dann noch für Nutzen?‹ – Da lachte der König über seine Worte und ließ ihn frei.

Darum gehe, Prabhāvatī, in dem Falle, dass du ebenso und ähnlich dich bewandert zeigst.«

So lautet die einunddreißigste Erzählung.

32

Wiederum redete Prabhāvatī den Papagei an; und dieser sprach: »Wenn du eine Antwort weißt ebenso wie Manōharā, welche den Zorn ihrer Schwiegermutter besänftigte, dann magst du gehen.« – Also angeredet fragte Prabhāvatī den Vogel, neugierig, die Geschichte von Manōharā zu hören. Da erhob der Papagei, von ihr aufgefordert, seine Stimme: »In einer Stadt mit Namen Ēlōla wohnte ein Juwelenhändler mit Namen Vāijaladēva; dessen Frau war Manōharā. Selbst in dem Palaste des Königs war keine mit schönen Zähnen Gezierte und mit außerordentlicher, tadelloser Schönheit Geschmückte, die ihr gleich gewesen wäre. Trotzdem war ihr Gatte mit dieser seiner Frau nicht zufrieden, obgleich diese die Quintessenz von Schönheit war und sich an keinen Andern hielt. Darum begann sie Unzucht zu treiben. Eines Tages gab ihr ihre Schwiegermutter Geld und schickte sie gegen Mittag auf den Markt, um Weizen zu kaufen. Sie nahm eine feste Bambusschüssel, kam zu den Ständen der Kaufleute und gab das Geld einem Kaufmanne. Während dieser den Weizen in die Bambusschüssel tat, gab ihr Buhle ihr einen Wink mit dem Auge; er traf eine Verabredung mit ihr und lud sie ein, mitzukommen. Sie begab sich also nach dem von ihm bezeichneten Orte und sagte (vorher noch) zu dem Kaufmanne: ›Lass diesen Weizen in der Bambusschüssel hier stehen!‹ – Der Kaufmann, der ihre Absicht durchschaute, füllte die Bambusschüssel mit Stückchen von trockenem Miste und bedeckte sie oben mit einem Zipfel des Gewandes. Nachdem dann jene bei ihrem Buhlen gelegen hatte, sprach sie, das Herz voll von den Wogen höchster Lust, hastig zu dem Kaufmanne: ›Gib mir meine Bambusschüssel!‹ – Der Kaufmann hob ihr die Bambusschüssel auf ihren Kopf, und ohne nachzusehen ging Manōharā damit heim. Nachdem sie dann die Bambusschüssel in dem Hofe hingesetzt hatte, sagte die Schwiegermutter zu ihr: ›Zeige einmal, wie der Weizen ist; bringe ihn her!‹ – Nachdem die Schwiegermutter so zu Manōharā gesprochen hatte, kam sie herbei, um den Weizen zu besehen; und als sie die Schüssel aufdeckte, sah sie dieselbe gefüllt mit Stückchen Mist.

Nun, Prabhāvatī, möge die Herrin angeben: was für eine Antwort gab sie bei dieser Gelegenheit?« – Darauf brachte Prabhāvatī, wiewohl sie Klarheit des Geistes, geschickt zur Offenbarung der höchsten Erkenntnis, besaß, doch die Angabe jener Antwort nicht zu Tage. Da sagte der Papagei, von jener aufgefordert, die Antwort zu geben: »Höre, Prabhāvatī! Jene wurde von ihrer Schwiegermutter gefragt: ›He, Gattin meines Sohnes, Manōharā, was soll dieser Kuhmist?‹ – Also befragt erhob Manōharā ihre Stimme: ›Mutter, ich kam also zu den Kaufmannsständen. Da gab es an den Ständen der Kaufleute schönen, glänzenden Weizen, der zum Kochen recht geeignet war. Da holte man aber aus einer Grube in einem Kuhstalle noch besseren Weizen. Ich wurde von jemand dahin geführt, um Weizen zu kaufen; und während ich nun hinging, glitt ich auf dem Wege, der wegen der Kühe schlecht zu gehen war, aus und fiel hin; auch das Geld in meiner Hand fiel zur Erde. Wiewohl ich suchte, fand ich doch das Geld nicht; ich nahm also die auf dem Boden liegenden Stückchen Mist und will jetzt das Geld suchen, nachdem ich den Mist in eine Getreideschwinge getan habe.‹

Darum, Prabhāvatī, magst du an's Werk gehen, wenn du ebenso Antwort zu geben verstehst.«

So lautet die zweiunddreißigste Erzählung.

33

Wiederum fragte Prabhāvatī den Rāmacandra; und dieser sprach: »Wenn du wie Mālatī gelegentlich der Findung einer Antwort Gewandtheit zeigst, dann magst du gehen.« – Darauf sagte Prabhāvatī zu Rāmacandra: »Wer ist Mālatī? Und wie brachte sie eine Antwort zum Vorscheine? Du magst diese Geschichte erzählen!« – Da tauchte er in den Redefluss hinab: »Höre, Tochter des Kumuda! Es gibt eine Stadt mit der Benennung Niṣāda; dort lebte ein Bauer, Vajra mit Namen, dessen Gattin war Mālatī; die war auf fremde Männer versessen. So machte sie nun an dem Tage des Sommersolstitium aus Mehl von … Reis Klöße, band sie in ein Tuch und ging auf das Feld, um sie dem Gatten zum Essen zu bringen. Als sie ihres Weges dahin schritt, traf unterwegs ihr Hans Urian mit ihr zusammen, mit dem sie von früher her befreundet war. Dieser sagte mit gefalteten Händen: ›Wenn der mächtige Gott, der höchste Herrscher, einem günstig gesinnt ist, dann fällt einem ein solcher Gewinn in die Hände. Was niemals den Pfad meines Gedächtnisses verlässt, indem es in ununterbrochener Reihe daran haftet, das kann ich jetzt mit der Hand greifen!‹ – Mit diesen Worten ergriff er sie bei der Hand; und sie, die Elende, sagte kein Wort der Abwehr, da ihr Herz von seinen freundlichen Worten gefesselt war. So zögerte sie nicht, sondern war damit einverstanden, indem sie meinte, seine Bitte nicht abschlagen zu dürfen. Sie stellte also die Bambusschüssel, den Behälter für die Klöße, die sie als Speise für ihren Gatten zubereitet hatte, an dem Wege nieder und begab sich dann, um mit jenem der Liebe zu pflegen, an eine besondere, einsame Stelle. Ein Schelm aber, der ihren Handel mit ansah, ging an jene Bambusschüssel heran, öffnete sie und sah nach; da waren aus Reismehl zubereitete Klöße darin. Darauf machte der Schelm aus allen diesen Klößen, die er zusammenarbeitete, aus dem Ganzen einen einzigen von der Gestalt eines Tigers; die Bambusschüssel bedeckte er wie vorher mit einem Stück Zeug und entfernte sich dann nach Gutdünken. Nachdem dann jene Mālatī ihr Verlangen gestillt hatte, ergriff sie die Bambusschüssel und ging hin nach dem Felde, um dem Gatten Speise zu reichen; und als sie dorthin gekommen war, setzte sie die Bambusschüssel da nieder; der Gatte aber kam herbei, um seine Mahlzeit abzuhalten. Während er den Deckel abnahm und in jene Bambusschüssel hineinsah, erblickte er die aus Mehl gefertigte Form eines Tigers.

Nun, Prabhāvatī, magst du ansagen: was für eine Antwort machte sie in diesem Augenblicke zurecht?« – Prabhāvatī begann, das zu überlegen; aber sie erkannte es nicht. So fragte sie am Morgen den Papagei, worauf dieser sprach: »Herrin, ihr Gatte fragte sie: ›Was hast du da für eine Speise gebracht?‹ – Sie entgegnete: ›Was soll ich in deiner Gegenwart sagen? Vajradēva, etwas ganz Wunderbares ist gegenwärtig geschehen! Ich habe in der Nacht einen bösen Traum von dir gehabt: du weiltest nachts auf dem Felde, als ein Tiger kam und dich packte. Darüber gelangte mein Leben außerordentlich in den Zustand der Elendigkeit, und ich befragte einen Astrologen, Vāsudēva, den ich kommen ließ, was dieser Traum zu bedeuten habe. Darauf sagte der Sternenkundige … Ein aus Mehl gefertigter Tiger wurde hergestellt für den im Diensteifer Aufgehenden. Was ich, gar betrübt durch die Bürde des Kummers infolge jenes bösen Traumes, unterwegs erduldet habe, diesen Tag; das weiß ich nicht; dort der heilige Sonnengott, dessen Glut nicht untergeht, weiß es!‹ – Da fiel ihr Vajradēva zu Füßen und sagte zu ihr: ›Liebe, in meinem Hause gibt es keine, die so wie du die Menge ihrer Betätigung der Hingebung an den Gatten weihte! So fürchte ich mich nicht einmal vor dem Schicksale, dessen Leib infolge des Zerstückelns der ganzen Welt grausig erscheint!‹

Darum, Prabhāvatī, wenn du eine Antwort zu geben weißt, deren Kern in dem Anwenden einer besonderen Trefflichkeit besteht, dann gehe, wie du es wünschest.«

So lautet die dreiunddreißigste Erzählung.

34

Wiederum wandte sich Prabhāvatī mit ihrer Rede an den Luftwanderer, und dieser gab die Antwort von sich: »Herrin, wenn du wie die Kupplerin Dhūrtamāyā die über sie selbst hereinbrechende jämmerliche Lage wiederum im Hervorbrechen des emsigen Nachdenkens (zu beseitigen weißt und solches) Übermaß von Einsicht besitzt, dann gehe gar eilig an's Werk.« – Darauf sagte Prabhāvatī, um diese Geschichte zu vernehmen und sie sich von dem Vogel erzählen zu lassen: »Wie war diese Geschichte? Erzähle sie!« – Er sprach: »In einer Stadt mit der Benennung Hastināpura wohnte der Kaufmann Kamalākara; dessen Sohn Rāma, der das ganze Geschlecht zu Ehren brachte, hatte alle Künste insgesamt erlernt. Da sagte nun jener Kamalākara: ›Nun hat unser Sohn Rāma bloß die Künste erfasst; aber das Treiben der Weiber hat in seinem Geiste nicht die gleiche Fülle der Erkenntnis verbreitet. Darum ist er auch darin zu unterrichten!‹ – Darauf ließ er eine Kupplerin, Dhūrtamāyā kommen und sprach folgendermaßen zu ihr: ›Du sollst meinen Sohn in dem gesamten Treiben der Weiber belehren. Du musst ihn so unterrichten, dass ihn verschmitzte Weiber nicht übertölpeln können. Ich will dir tausend Goldstücke geben; wenn ihn aber einmal andere verschmitzte Weiber übertölpeln sollten, dann werde ich mir von dir zweitausend Goldstücke zahlen lassen.‹ – Nachdem Kamalākara diese Vereinbarung getroffen hatte, händigte er den Rāma samt den Goldstücken der Kupplerin ein, worauf diese verschmitzte Kupplerin die ganze Zeit über das Treiben der Weiber unter Beseitigung aller Schwierigkeiten dem Rāma beibrachte; und als sie diesen dahin gebracht hatte, dass sein Herz in der Versenkung in alle ihre Künste weit fortgeschritten war, brachte sie ihn dem Kamalākara wieder. – Einstmals nun sandte er Rāma in die Fremde, um den Verstand seines Sohnes zu prüfen, zu seiner Belehrung und des Gelderwerbes willen. Er kam aber nach Svarṇadvīpa. Dort war eine Hetäre Kalāvatī, mit dieser lebte er vergnügt zusammen, indem er die Sinnengenüsse durchkostete. Kalāvatī nun zeigte alle Augenblicke besondere Bemühungen um jenen Rāma, indem sie unter vielfacher Kundgebung ihres Standes als Hetäre ihrem Wesen mit Herzen, Mund und Händen gerecht wurde; aber sein Herz geriet nicht in Verwirrung. Da sagte einstmals die Kupplerin zu Kalāvatī: ›Dieser Rāma wird in fünf sechs Tagen in sein Dorf zurückkehren; und doch hast du es nicht vermocht, ihn in's Schwanken zu bringen!‹ – Darauf sagte sie zu ihr: ›Ich habe mit allen möglichen Bemühungen die Macht meiner Mittel angewendet, aber sein Geist ist nicht verwirrt worden. Was soll ich also tun?‹ – Darauf tat die Kupplerin ihre Rede kund: ›Kalāvatī, darum ist jener von dir so anzureden: Du willst in dein Dorf zurückkehren? Da kann ich, fern von dir, den verzweiflungsvollen Schmerz der Trennung nicht ertragen! Darum werde ich jetzt das Leben von mir werfen! Mit diesen Worten stürze dich in den Brunnen, aber so, dass er es sieht.‹ – Als Kalāvatī das gehört hatte, ließ sie ihre Rede strömen: ›Da hast du etwas recht Ungereimtes gesprochen! Denn man sagt:

> Die Reichtümer, die man durch übermäßige Anstrengung, durch Überschreitung frommer Satzung und durch Demütigung vor den Feinden erlangt, die mögen mir nicht zuteil werden!‹

Darauf führte die Kupplerin ihre Worte auf die Spitze der Zunge: ›Ohne den Verlust des Lebens kann der Tod nicht eintreten! Und ferner: Treffliche, die in eine Lage gekommen sind, wo es aufpassen heißt, sorgen sich nicht, auch wenn es eine Ausführung gilt, die mannigfache Mittel der Klugheit erfordert. Daher sagt man:

> Der Mann bekommt kein Glück zu sehen, der keine Tollkühnheit zeigt; Tollkühnheit lässt in allen Lagen das Ziel Glück erreichen.‹

Nachdem sie nun durch dieses Wort der Kupplerin in ihrem Herzen bestärkt worden war, stürzte sie sich nach diesen Worten vor den Augen jenes Rāma in den Brunnen. Da kam Rāma eilends in die Nähe dieses Brunnens herbei und als er sie erblickt hatte, staunte er in seinem Herzen und sprach also: ›Deren Sinn ist nicht vertraut mit der genauen Kenntnis der Mehrung der mannigfaltigen (Hetären-)Kniffe; sondern sie zeigt einfach Anhänglichkeit an mich.‹ – Darauf händigte er ihr alles Geld ein, was er nur besaß. Einige Tage später aber warf ihn Kalāvatī hinaus, nachdem sie gemerkt hatte, dass er ohne Mittel sei. Da kehrte Rāma ohne Geld in seine Stadt zurück und schilderte in Gegenwart seines Vaters, was ihm zugestoßen war. Der aber ließ die Kupplerin Dhūrtamāyā kommen und verlangte von ihr zweitausend Goldstücke. Da sagte sie zu Kamalākara: ›Schicke Rāma in Geschäften nochmals in jene Stadt, damit er auf Gelderwerb ausgeht; auch ich möchte mit ihm reisen.‹ – Da ließ er sie auch nach jenem Platze ziehen. So gelangte Rāma denn nach jenem Orte. Da kam ihm Kalāvatī freundlich entgegen; damit er wieder zu ihr kommen sollte, hatte die Kummerlose, die kokett durch die Fülle ihrer Schönheit Verwirrung bereitete, sich Lampen zusammengeborgt, kam in die Nähe des Rāma und begrüßte ihn feierlich; dann führte sie ihn in ihre Behausung, welche von einer Menge mannigfacher Ehrerweisungen mit Tanz, Gesang, Instrumentalmusik u. s. w. angefüllt war; und Beide genossen nun vergnügt die Sinnenlust.

Nun, Prabhāvatī, denke gehörig darüber nach und sage an: wie bekam sie (die Kupplerin) da sein Geld wieder?« – Darauf richtete Prabhāvatī auf die Prüfung dieser Frage ihre Gedanken; aber trotzdem wusste sie nicht anzugeben, durch welche List sie das Geld wiederbekam. Von ihr befragt berichtete dann der Vogel: »Darauf gab die Kupplerin Dhūrtamāyā dem Rāma eine Verabredung an: ›Gehe hin und spiele auf dem Dache des Hauses der Kalāvatī mit ihr zusammen Würfel. Ich werde auf dem Wege dorthin auf das Haus zuschreiten; wenn ich aber näher gekommen bin und du mich siehst, musst du aus Furcht vor mir in Sorgen geraten. Wenn Kalāvatī dich dann weglaufen sieht, wird sie dich fragen, warum du dich versteckst. Da musst du zu ihr sagen: Die da vorn auf dem Wege einherkommt, die alte Donnerkeilsängerin[62], ist meine Mutter. Ich habe ihr Geld genommen und bin damals in deine Nähe gekommen; jenes Geld habe ich dir gegeben. Jetzt ist sie nun da: wer weiß, was ich da nun tun soll? Solche Worte musst du Kalāvatī hören lassen.‹ – Nachdem Rāma durch die Kupplerin gestempelt worden war, begab er sich nach dem Hause der Kalāvatī und begann, dort angelangt, mit ihr zusammen auf dem Söller Würfel zu spielen, als die Kupplerin Dhūrtamāyā, über die Schulter eine Laute gehängt, geraden Weges darauf los kam. Rāma stand so, dass er ihr in das Gesicht sah: kaum hatte er sie erblickt, da ließ er das Spiel im Stiche und entfernte sich aus dem Bereiche ihrer Augen. Da fragte ihn Kalāvatī: ›Warum bist du aufgestanden?‹ – Darauf erzählte er in ihrer Gegenwart das vorher Gesagte; die Kupplerin aber kam inzwischen auf die Türgegend losgestürzt und sprach zu den Hausinsassen: ›Lasst meinen Sohn Rāma ziehen! Er hat mir alle meine Habe genommen und es in deine Hände gelegt!‹ – Da fragten sie jene: ›Wer bist du? Wie heißt du und woher bist du?«‹ – Sie antwortete: ›Ich bin die Morgensängerin des Erdgebieters Sudarśana in der Stadt Padmāvatī. Ich bin eine Mātaṅga-Sängerin[63], und der da ist mein Sohn. Indem er mit dir in solchem Verkehr steht, besudelt er die ganze Welt der Trefflichen. Aber handelt ihr nur ganz nach Gefallen: was geht es mich an?‹ – Über diese ihre Worte erschraken sie, führten sie in das

62 Ich lese vājrēyakāriṇī.

63 Siehe Anmerkung S. 81!

Haus hinein, gaben ihr alles Geld und fielen ihr zu Füßen: ›Erzähle diesen Vorfall in niemandes Gegenwart!‹ – Mit diesen Worten entließen sie sie, mit dem Gelde in der Tasche.

Darum, Prabhāvatī, wenn du solche Zuversicht in den Tanz einer so besonderen List hegst, dann gehe an's Werk.«

So lautet die vierunddreißigste Erzählung.

35

Prabhāvatī fragte wiederum den Papagei, und dieser sprach: »Herrin, wenn du im Stande bist, eine Antwort zu geben wie Ratanādēvī, dann magst du getrost zum Liebesbesuche gehen.« – Als der Papagei so gesprochen hatte, sagte Prabhāvatī: »Erzähle die Geschichte von der Ratanādēvī!« – Also angeredet sprach der Papagei: »In der Stadt Indrapura wohnte ein Rājput, Vikramasiṃha mit Namen; dessen Frau war Ratanādēvī. Er schlug sie und schalt sie und war ohne Grund eifersüchtig: ›Wer ist gekommen? Wer ist gegangen? Ha, du Buhlerquelle, was stehst du in der Tür? Warum hast du ohne Ursache dein Tuch umgetan?‹ – So sprechend schimpfte er sie Tag für Tag. Da sprach sie in ihrem Herzen: ›Er ist so ein ganz gemeiner Kerl! Wenn man ihn also auch noch so sehr betrügt, hat man doch nicht zu befürchten, von dem Stachel der Besorgnis, sich mit dem Makel eines Vergehens befleckt zu haben, getroffen zu werden.‹ – Sie begann daher, Unzucht zu treiben. Da sie in der Wissenschaft des Buhlens außerordentlich gründlich erfahren war, fing sie an, sehr feurig zu leben und schlief nun mit dem Stadtoberhaupte und ebenso mit dessen Sohne, ohne beide sich erkennen zu lassen. Eines Tages genoss sie die Lust des Liebesgenusses mit dem Sohne des Schulzen, als dieser selbst kam. Als sie ihn erblickt hatte, versteckte sie seinen Sohn, rief jenen in das Haus und befriedigte das Gelüst seines Herzens vollkommen. Indem kam der Rājput Vikramasiṃha wutschnaubend nach Hause.

Nun, Prabhāvatī, möge die Herrin sagen: was für ein Ausweg ward da von ihr in dieser Lage gebraucht?« – Obgleich nun ihr Geist im Überlegen geschickt war, fand sie doch keine Antwort darauf. Da sprach der Papagei: »Höre, Prabhāvatī! Als sie den Gatten kommen sah, gab sie dem Bürgermeister eine Peitsche in die Hand und sprach: ›Gehe fluchend hinaus und sage: Wenn ich meinen Sohn fasse, den Wegwurf, schlage ich ihm den Kopf ab! – So sprich und gehe.‹ – Der Bürgermeister spielte diese Komödie und entfernte sich unter solchen Worten. Nachdem dann der Rājput Vikramasiṃha in das Haus eingetreten war, sagte er zu Ratanādēvī: ›Auf wen schimpft denn dieser vom Teufel besessene Schulze?‹ – Sie antwortete dem Rājputen: ›Jetzt bist du ermüdet; du magst erst den Suparvan verehren und dein Mahl einnehmen; dann will ich dir diese Geschichte erzählen.‹ – Nachdem darauf der Rājput den Suparvan verehrt und das Mahl u. s. w. beendigt hatte, erholte er sich von seiner Ermattung, indem er sich behaglich hinsetzte und den Mund mit Betel füllte. Als Ratanādēvī gegessen hatte, kam sie zu dem Rājput und begann wie folgt zu erzählen: ›Rājput, heute hat sich eine nette Geschichte zugetragen! Der Bürgermeister ergrimmte plötzlich gegen seinen Sohn, zog das Schwert aus der Scheide und stürzte auf ihn los. Um sich zu retten, floh der arme Sohn und als er mich auf dem Vorplatze unseres Hauses weilen sah, sagte er zu mir: Rette mich! Rette mich! Ich begebe mich in deinen Schutz. – Da gedachte ich an deinen weltbekannten Ehrennamen *Diamantkäfig für Hilfesuchende*. Deshalb versteckte ich ihn im Hause, ehe der Schulze kam. Darauf trat sein Vater, der ihm auf dem Fuße folgte, voller Wut in das Haus und suchte seinen Sohn. Ich stand vorn, nachdem ich den Sohn hinten versteckt hatte. Als nun der Wütende seinen Sohn nicht fand, entfernte er sich schimpfend und kochend vor Ärger.‹ – Darauf sagte der Rājput Vikramasiṃha zu Ratanādēvī: ›Wo ist sein Sohn? Zeige ihn mir!‹ –

Sie ließ ihn hervorkommen und schickte ihn dann fort. Da berührte er ehrfurchtsvoll mit seinem Haupte Ratanādēvī's Füße und sagte: ›Wenn du das da nicht getan hättest, dann hätte unser ganzes Geschlecht ein unauslöschlicher Makel getroffen.‹ – So erfreute er sie durch das Erscheinen einer Menge Worte.

Wenn du also Verstand genug besitzt, Prabhāvatī, eine Antwort zu geben, die durch eine solche List gestärkt ist, dann magst du gehen.«

So lautet die fünfunddreißigste Erzählung.

36

Darauf fragte Prabhāvatī den Papagei, und dieser sprach: »Wenn du, Herrin, auch so wie Suratasundarī bei der Beseitigung einer gefährlichen Lage einen verständigen Sinn zeigst, dann magst du es unternehmen.« – Darauf von Prabhāvatī nach dem Zutagetreten dieser Geschichte gefragt erzählte der Papagei: »In einer Stadt mit Namen Śaṅkhapura lebte ein Astrolog mit Namen Mahādhana; dessen Ehegenossin war Suratasundarī. Diese war versessen auf unaufhörlichen Liebesgenuss mit fremden Männern. Wenn ihr Mann irgend etwas sagte, dann ließ sie ihn nicht zu Worte kommen und keifte wild und bei jeder Gelegenheit gegen ihren Gatten. So kam es, dass dieser sich aus Furcht vor ihr stillschweigend verhielt. – Eines Tages holte sie ihren Buhlen in das Haus. Als nun alle Bewohner des Hauses die Nachtmahlzeit beendet und um zu schlafen ihr Lager aufgesucht hatten, auch die Lampe in den Zustand des Erlöschens gebracht war und die Buhlerin sah, dass ihr Gatte eingeschlafen war, war sie mit dem Buhlen vereint; sie ließ dabei als Gewinn den Verstand aufhören; sie verursachte eine nicht geringe Reihe heftiger Liebeswonne und ergötzte jenen ganz auerordentlich. Dabei hörte Mahādhana das Geräusch, welches während des Liebesgenusses entstand; um das zu ergründen, streckte er die Hand aus – da fasste die

Hand den Penis jenes Buhlen! Da sagte er zu Suratasundarī: ›Ich habe einen Dieb gefasst! Gehe schnell hin und hole eine Lampe!‹ – Darauf antwortete sie: ›Ich fürchte mich, wenn ich hinausgehen soll, eine Lampe zu holen; ich will den Dieb festhalten, und du magst hingehen und eine Lampe bringen.‹ – Nach diesen Worten ergriff sie den Dieb, Mahādhana aber ging hinaus, um eine Lampe zu holen. Da ließ sie, als Mahādhana hinausgegangen war, den Buhlen entschlüpfen, zog einem starken Büffelkalbe die Zunge heraus und hielt sie fest. Mahādhana aber zündete eine Lampe an und brachte sie herbei; und als er nachsah, hielt sie die Zunge eines Büffelkalbes in der Hand fest. Suratasundarī sah hin und sagte zu Mahādhana: ›Bravo! Bravo! Eine Heldentat hast du vollbracht! Du allein kannst eine derartige Tat ausführen, kein anderer Held!‹ – Als sie so gesprochen hatte, stand Mahādhana wie beschämt da.

Darum Prabhāvatī, wenn die Herrin eine so beschaffene Antwort zu geben weiß, dann mag sie getrost gehen.«

So lautet die sechsunddreißigste Erzählung.

37

Wiederum richtete Prabhāvatī in dem Wunsche, zu dem Fürsten namens Vinayakandarpa zu gehen, ihre Worte an den Fürsten der Vögel. Als dieser sie gehört hatte, sprach er: »Herrin, wenn du wie Buddhimatī eine Rettung aus einer gefährlichen Lage zu bewerkstelligen verstehst, dann erfülle den Wunsch deines Herzens unbedenklichen Sinnes.« – Darauf entgegnete Prabhāvatī: »Du Fürst der Vögel, erzähle die Geschichte der Buddhimatī von Anfang an!« – Als der Papagei das vernommen hatte, sprach er: »Es gibt eine Stadt namens Ucōpura; dort lebte ein Ackerbauer mit Namen Sāṃpurata. Dessen Ehegenossin war Buddhimatī: diese war mit ihrem Herzen bei dem Liebesgenusse mit fremden Männern. Wenn sie mit dem Essen für ihren Gatten auf dem Felde ihres Weges ging, genoss sie am Fuße eines gewissen Baumes mit dem Buhlen zusammen Tag für Tag die Wonne heimlicher Lust. Alle wussten um dieses ihr Treiben und erzählten in Gegenwart des Bauers Sāṃpurata von diesem Benehmen. Da stieg jener, um dieses ihr Treiben kennen zu lernen, auf eben jenen Baum und weilte dort im Verborgenen. Nun kam Buddhimatī von zu Hause mit dem Essen auf ihn zu; und als sie dorthin gekommen war, setzte sie die Speise auf die Erde und genoss mit dem Buhlen zusammen das ganz außerordentliche Glück der Sinnenlust, wobei eine eifrige Beschäftigung der in den verschiedenen Arten des Genusses aufgehenden Körper stattfand und die Fülle der Gesamtheit alter und neuer Künste ganz allein auf das eine Ziel gerichtet ward. Als jener nun sah, dass die Beiden eine Menge von ungewöhnlicher, im Herzen entstehender Wonne genossen, die in den derartig vereinten Genüssen zum Vorschein kam, stieg er von dem Baume herab; Buddhimatī aber sah ihn, wie er von dem Baume hinabstieg.

Nun, Prabhāvatī, möge die Herrin sagen: was gab sie da bei dieser Gelegenheit für eine Antwort?« – Wiewohl nun Prabhāvatī nachdachte, fand sie es doch nicht. Darauf teilte es der Vogel auf ihre Aufforderung hin mit: »Als sie ihren Gatten erblickt hatte, ließ sie den Buhlen gehen. Dann kam ihr Gatte heran und fragte Buddhimatī: ›Was war das noch für ein Mann bei dir?‹ – Darauf sagte sie zu dem Gatten: ›Weißt du denn das nicht? Das bewirkt ja eben die Eigenart dieses Baumes! Wenn man ihn besteigt, sieht man jemand, der auf dem Fussboden sich befindet, doppelt. Das berichten ganz alte Leute.‹ – Nun stieg Buddhimatī selbst auf jenen Baum, und als sie oben war, sprach sie folgendermaßen zu ihm: ›Auch du bist dabei, mit einer fremden Frau zusammen die Wonne des Liebesgenusses zu kosten! Als solcher bist du ganz sündhaft! Darum werde ich an den Hof des Königs gehen, deinen Wandel anzeigen und dich nackt machen!‹

Darauf sagte jener (Papagei): »Wenn du im Stande bist, infolge einer besonders hervorragenden Ausführung der tiefen Praxis machtvoller derartiger Klugheit eine Lage zu überwinden, wo eine Fülle von Mühsalen, begleitet von vieler Anstrengung, vorliegt, dann befriedige deinen Wunsch!«

So lautet die siebenunddreißigste Erzählung.

38

Darauf wandte sich Prabhāvatī in dem Wunsche, in die Nähe des Buhlen zu gehen, wiederum mit ihren Worten an den Vogel, und dieser sprach, als er ihre Rede vernommen hatte: »Herrin, wenn du wie Madanāvatī bei dem Erteilen einer Antwort Gewandtheit zeigst, dann gehe die Herrin an's Werk.« – Sie fragte den Papagei nach dieser Geschichte, worauf derselbe sagte: »In der Stadt Nākapura lebte ein Wagner mit Namen Karāla. Dieser hatte eine zweite Frau geheiratet, deren Name war Madanāvatī. Sie war versessen auf den Liebesgenuss mit fremden Männern. Da nun der Wagner von den Leuten deren unzüchtigen Lebenswandel erfuhr, sagte er im Hause, um sich Gewissheit zu verschaffen, er wolle über Land gehen und entfernte sich; zur Abendzeit aber kam er ungesehen durch eine geheime Tür in das Haus, ging hin und versteckte sich unter der Bettstelle. Madanāvatī, die von dem Treiben des Wagners nichts wusste, ward in ihrem Leibe in hohem Grade voller Wonnewellen, indem sie daran dachte, dass der Wagner über Land gegangen sei; wie es denn heißt:

Bei schlechtem Wetter, in tiefer Finsternis, wenn die Straßen der Stadt voller Leben sind und der Gatte in die Fremde gegangen ist, empfindet die mit dem Hintern wackelnde Frau die höchste Wonne.

In der Meinung also, dass der Wagner nicht zu Hause sei, holte sie ihren Buhlen in das Haus und begann, mit ihm eine lustige Unterhaltung zu führen. Da berührte sie ihren Gatten mit ihrem Fuße; und aus dieser Berührung mit dem Fuße merkte sie: ›Mein Gatte ist heimlich hierhergekommen und hat sich versteckt, um mich auf die Probe zu stellen.‹ – Nachdem sie so in ihrem Herzen gesprochen hatte, begann sie, sich zu erheben. Darauf erhob sich auch ihr Buhle und packte sie bei dem Haarschopfe.

Nun, Prabhāvatī, sage an: was für einen Ausweg fand sie da in dieser also beschaffenen Lage?« – Wiewohl sich Prabhāvatī darauf Mühe im Nachdenken gab, konnte sie doch die Beseitigung des Zweifels nicht finden. Da sagte der Papagei zu ihr, befragt, das zu erfahren: »Höre, Prabhāvatī! Als sie bei den Haaren gepackt wurde, sprach sie: ›Ich habe in deiner Gegenwart schon früher darüber gesprochen; jetzt aber ist der Wagner über Land gegangen. Nenne mir dein Verlangen; vielleicht kann ich dir bei deinem Vorhaben behilflich sein! Die Beziehung zu deinem Gelde trifft den Wagner; darum lass den erst von über Land zurückkommen! Dann halte dich an ihn; wie es dir in deinem Herzen gefällt, so verfahre mit dem Wagner! Auch mir nenne den Wunsch deines Herzens!‹ – So hörte der Wagner sie sprechen. Da geriet er in Furcht und sprach in seinem Herzen: ›Die Leute, die etwas von Geldverhältnissen gehört hatten, haben darüber weit hinausgehend etwas ganz Ungehöriges berichtet!‹ – Nach diesen Worten ließ er sie auf Grund der klugen Rede frei und entfernte sich.Darum, Prabhāvatī, wenn du eine solche Antwort zu geben vermagst, dann handele nach deinem eigenen Gefallen.«

So lautet die achtunddreißigste Erzählung.

39

Wiederum fragte Prabhāvatī den Vogel, worauf der Papagei antwortete: »Herrin, wenn du wie der Śvētāmbara im Stande bist, einen auf die eigene Person gerichteten versteckten Angriff gegen den Andern zu kehren, so gehe.« – Darauf von

Prabāvatī befragt erzählte der Papagei diese Geschichte: »Höre! In der Stadt Śrīpura wohnte ein Śvētāmbara[64] mit Namen Narēndra, der alle Welt für sich gewann. Jedermann war gegen ihn ehrerbietig wegen seiner Tugend und hingebenden Frömmigkeit. Nun bekam er infolge des Genusses von göttlichen Speisen fleischliche Anfechtungen, worauf er, der Begierde erliegend, mit einer Hetäre lebte. Diese Geschichte erfuhr ein Digambara[65] und erzählte das Treiben des Śvētāmbara dessen Anhängern: ›Euer Śvētāmbara weilt nachts im Hause einer Hetäre. Heute Abend müsst ihr zusammenkommen, um das zu sehen. Dann werdet ihr diesen Śvētāmbara mit der Hetäre vereint erblicken können.‹ – Darauf stellten sich die Anhänger des Śvētāmbara ringsum auf, um diesen fangen zu können. Nach Verabredung saß der Śvētāmbara in seinem Hause; alsbald trat auch die Hetäre in seine Wohnung. Nun merkte der Śvētāmbara: ›Um mich zu fangen, versammeln sich diese Leute dort überall!‹

Nun, Prabhāvatī, sage an: wie beseitigte da der Śvētāmbara die ihm drohende Kränkung seines Stolzes?« – Darauf begann Prabhāvatī, voller Eifer den Geist der Überlegung zu üben. Als sie es aber nicht fand, fragte sie den Papagei, worauf dieser sprach: »Höre, Prabhāvatī! Der Śvētāmbara überlegte nun so: ›Was der Schurke von Kṣapaṇaka mir da einbrocken will, dafür kann mich derselbe zum Lohne im Arsche lecken!‹ – Nach diesen Worten legte er die Tracht eines Kṣapaṇaka an, nahm die Hetäre bei der Hand und ging hinaus. Seine Aufpasser, die śrāvakās,[66] erblickten den Kṣapaṇaka, gingen an ihn heran und konnten den Betrug nicht aufdecken. Sie schmähten den Kṣapaṇaka und ehrten den Śvētāmbara.

64 Weißgekleideter Mönch.

65 Mit dem Himmel bekleideter = nackter Mönch.

66 »Hörer«.

Darum, Prabhāvatī, wenn du solch eine List anzuwenden weißt, dann denke ernstlich an die Erfüllung deines Wunsches.«

So lautet die neununddreißigste Erzählung.

40

Wiederum fragte Prabhāvatī den Papagei, und dieser machte sich bemerkbar: »Herrin, wenn du wie das Häslein den eigenen Tod abzuwenden weißt – durch ihn wurde der Feind getötet! – wenn du so hervorragende Klugheit anzuwenden weißt, dann magst du gehen.« – Da sagte Prabhāvatī aus Neugierde nach dieser Geschichte: »Berichte die Geschichte von dem Häslein!« – Darauf antwortete der Papagei: »Höre du, deren Stimme einen Schmuck für die Ohren bildet. Es gibt einen Wald mit der Bezeichnung Tārakarālā; dort lebte ein Löwe mit Namen Kuṭila. Da dieser alle lebenden Wesen des Waldes tötete, kamen die Bewohner jenes Waldes alle zusammen und meldeten dem mit unerträglicher Kraft ausgestatteten Löwen: ›Herr, König der Antilopen, sei gnädig und lass uns bestehen! Du bist ja der Gebieter dieses Waldes, und wir alle sind deine Untertanen. Du tötest alles, was dir in den Weg kommt, mögen es nun drei oder vier (Tiere) sein. Darum ist dieses dein Verhalten durchaus ungehörig! Du musst vielmehr immer in deiner Höhle sitzen bleiben; dann wird Tag für Tag je ein Stück Wild von selbst zu dir kommen; auf diese Weise wird dir der Hunger gestillt werden, und wir werden nicht auf einmal den Untergang finden.‹ – Nachdem die Bewohner des Waldes, die Tiere, diese Vereinbarung mit ihm getroffen hatten, lebten sie nun so dahin: Tag für Tag ging von den dort Wohnenden derjenige zu jenem Löwen, welchen an dem Tage gerade die Reihe traf. In dieser Weise lebten sie dort. Dabei kam die Reihe auch an das Häslein mit Namen Cakōra. Dieses Häslein ging nun keineswegs eilig zur Essenszeit in jenes Nähe; sondern es ließ die Essensstunde vorüberstreichen und ging dann erst hin. Da erhob sich der Löwe, als er es sah, vom Zorn übermannt, um auf dasselbe loszustürzen.

Nun, Prahāvatī, sage an: wie entging es seiner Tötung durch ihn?« – Sobald Prabhāvatī das Wort des Papageis vernommen hatte, zeigte sie im Überlegen klaren Verstand; aber sie konnte die Antwort darauf nicht angeben. Später fragte sie den Vogel; und der Papagei entgegnete: »Höre, Prabhāvatī! Sobald das Häslein dem Löwen in den Bereich seiner Stirn und korbförmigen Backen kam, pries es ihn: ›Majestät, Herr der Götter, Großkönig, höre eine Antwort von mir an! Ist in deinem Herzen ein gewisser, besonderer Stolz auf dein Geschlecht vorhanden oder nicht? Wenn er vorhanden ist, dann höre aufmerksam an, was ich sagen will. Ich war also zu Mittag aufgebrochen, als unterwegs ein anderer Löwe als du mich zu ergreifen versuchte. Ich nannte deinen Namen; aber da begann der Wütende auf dich bezügliche Schimpfworte auszustoßen und dich gewaltig zu schmähen. Da ich es nun nicht mit anhören konnte, wie du, Herr, geschmäht wurdest, bin ich in deine Nähe gekommen. Majestät, du hast zu entscheiden!‹ – So sprach es. Da sagte der Löwe, dessen Majestät früher nie geschwächt oder zerstückelt worden war und dessen Körper von dem Feuer des Inneren verschlungen wurde, zu dem Häslein, in der Absicht, in jenes Nähe zu gelangen: ›Wer ist der Widersacher, der meine eigne Befugnis übernimmt und mir ähnlich handelt, solange ich, der gewaltige Gebieter über den Wald von ungehemmter Majestät, noch wachsam bin? Zeige mir jetzt den Weg zu dem Bösewichte! Ich, der ich das wahre höchste Wesen bin, werde ihn zum Gaste in dem Hause der Vernichtung machen.‹ – Mit diesen Worten trat der Mähnenträger aus seiner Höhle. Darauf begab sich der Schelm unter den Tieren, indem er zu dem Fürsten des Wildes trügerischerweise ›hierher! hierher!‹ sagte, eilends nach einer Zisterne, die mit nicht seichtem

Wasser angefüllt war (und sagte): ›Majestät, aus Furcht vor dir ist er eilig geflohen und hat sich hier in dieser Zisterne versteckt. Siehe den Bösewicht, der sich selbst nicht kennt!‹ – Da trat der Elefantentöter nahe an den Brunnen heran, und indem er mit abwärts geneigtem Gesichte hinsah, erblickte er in dem Innern der Zisterne sein Spiegelbild. Als der Löwe das sah, schlug er mit der Tatze nach der Zisterne und stieß sein Gebrüll aus: da erscholl aus der Mitte der Zisterne der Widerhall! Übermäßig von Zorn erfüllt sprang darauf der Löwe in die Zisterne: als der Krallenwaffenträger da hineingesprungen war, fand er den Tod. Da begannen alle die Tiere dort vergnügt zu leben. Und so sagten sie:

> Wer Verstand besitzt, der besitzt Stärke; woher sollte aber ein Tor Stärke haben? Siehe, wie der vom Dünkel berauschte Löwe durch ein Häslein seinen Untergang fand!

Darum, Prabhāvatī, wenn du eine solche hervorragende Klugheit zu zeigen vermagst, dann gehe!«

So lautet die vierzigste Erzählung.

41

Wiederum fragte Prabhāvatī eifrig, und der Papagei sprach: »Herrin, wenn du wie Trāilōkyasundarī im Entrinnen aus schwieriger Lage Klugheit zeigst, dann magst du gehen.« – Darauf fragte Prabhāvatī den Vogel nach dieser Geschichte, und er sprach: »In der Stadt Siṃhalapura wohnte ein Vāiśya mit Namen Bahubuddhi. Dessen Frau Trāilōkyasundarī hatte ihr Herz an fremde Männer gehängt. Alle wussten um ihr Treiben und erzählten davon in Gegenwart des Bahubuddhi, aber dieser hielt ihre Redereien nicht für wahr. Eines Tages nun ließ er, um der Sache auf den Grund zu kommen, verlauten, dass er über Land gehen werde, und entfernte sich. Als dann die Abendzeit gekommen war, trat er durch die Hintertür in das Haus und begab sich unter die Bettstelle. Trāilōkyasundarī hatte ihren Buhlen in das Haus gebracht und begab sich nachts nach dem Essen daran, mit demselben der Liebeslust zu genießen. In diesem Augenblicke berührte sie mit dem Fuße ihren Gatten; und in dem Augenblicke der Berührung kam ihr der Gedanke: ›Mein Gatte ist, um mich zu beobachten, heimlicher Weise hierher zurückgekehrt und ist nun da!‹ – So dachte sie: ›Gewiss ist er gekommen und hat sich unter der Bettstelle versteckt!‹

Nun, Prabhāvatī, überlege auch du …« – Wiewohl Prabhāvatī nun eifrig nachdachte, sah sie doch diese List nicht. Darauf begann sie, gegen den Papagei ihre Stimme erschallen zu lassen; worauf dieser antwortete: »Wohlan, Prabhāvatī, höre! Als sie durch die bloße Berührung mit dem Fuße gemerkt hatte, dass ihr Gatte sich unter dem Lager befand, um ihr Treiben auf frischer Tat (?) zu erfahren, blickte sie ihren Buhlen, der gekommen war, lange der Wollust zu frönen, mit einem Seitenblicke an, deutete ihm die Anwesenheit des Gatten an und sprach, indem sie sich eifersüchtig stellte: ›Halt, halt, du Dummkopf! Gedachtest du etwa, mich wie eine zuchtlose Frau zu genießen? Wenn du mich fragst, warum ich dich dann habe kommen lassen, so will ich dir das sagen. Um das Leben meines Gatten zu verlängern, erfreute ich beständig unsere Hausgottheit, die Tripurasundarī, durch meine Anbetung. Eines Tages nahte sie mir im Traume und sprach zu mir: He, Suratasundarī (!), das Leben deines Gatten wird heute noch durch ein Nashorn ein Ende finden. – Da war ich, deren einzige Gottheit der Geliebte ist, im Herzen außerordentlich betrübt und brachte durch wiederholte Ausführung der Anbetung unsere Hausgottheit, die Tripurasundarī, zu nicht geringer Wonne, worauf sie folgendes Wort sprach: He, Suratasundarī, heute geht die Hälfte des Lebens deines Gebieters durch ein Nashorn zu Ende. Wenn du wünschst, dass sein Leben verlängert wird, dann lade an diesem Tage einen fremden Mann ein und umarme ihn auf dem Lager wonnesam, eine große Liebesfestranke, in inniger Umarmung; wenn er sich aber zum Ausüben des Beischlafes anschickt, dann wende dich ab und höre auf. Durch diese Vereinigung mit seinem Leibe wird heute deines Gatten Leben erhalten bleiben. Wenn aber der Andere dir Gewalt antut, während du in solchem Zustande die Verlängerung des Lebens deines Geliebten erstrebst, die du außer ihm keine andere Gottheit kennst, dann wird er der Hälfte seines Lebens verlustig gehen. – So habe ich zu größerer Wohlfahrt des Gatten dies getan. Darum vergewaltige mich nicht, die ich mich selbst anklage und rein bin. Wenn du mir Gewalt antust, dann droht dir Verlust des halben Lebens. Denn es heißt:

> Dem Manne, welcher mit Gewalt eine Reine und eine Menstruierende genießt, droht Verlust des Lebens, dem Toren, der sich selbst nicht kennt.

Darum entferne dich von hier, wie du gekommen bist, damit dein Leben und das meines Mannes verlängert werde, der meine einzige Gottheit ist. Wenn du mich in dieser Verfassung immer wieder berührst, werde ich laut aufschreien.‹ – Da kam der Vāiśya namens Bahubuddhimat (!), nachdem er das Wort seiner Geliebten vernommen hatte, unter der Bettstelle hervor, blickte seine Gattin verzückt an und sprach: ›Dass du Reine, um mein Leben zu verlängern, sogar solch eine Tat vollbracht hast, dadurch bist du das ganze Abbild unserer Hausgottheit geworden.‹ – Also sie preisend neigte er sein Haupt verehrungsvoll zu ihren Füßen und tanzte immer wieder im Übermaße der Freude umher. So wandelte Suratasundarī ungestraft einher, weil sie es verstand, die Schändlichkeiten ihres Treibens zu verbergen.

Darum, Prabhāvatī, wenn auch du eine solche List weißt, dann gehe die Herrin.«

So lautet die einundvierzigste Erzählung.

42

Darauf begann Prabhāvatī wiederum, gegen den Papagei ihre Worte zum Vorscheine zu bringen, in dem Verlangen, in die Nähe des Vinayakandarpa zu gehen. Da sagte der Papagei zu ihr: »He, Tochter des Kumuda, wenn bei dem Hereinbruch des Unglückes einer Verlegenheit dein Verstand zu deren Überwindung tätig ist, wie es bei Mūladēva der Fall war, dann gehe unbehelligt an die Befriedigung deiner Sehnsucht!« – Darauf fragte sie den Papagei nach der Art und Weise, wie Mūladēva die Not einer Widerwärtigkeit überwand; und der Papagei sprach: »Höre, einsichtsvolle Prabhāvatī! Es gibt einen Leichenacker mit der Benennung Mahākālā. Dort befand sich ein Wollbaum, auf welchem zwei Piśāca's wohnten: der Name des einen war Karāla, der des zweiten Vikarāla. Zwischen diesen beiden war fortwährend Streit: von den Beiden sagte Karāla: ›Meine Lebensherrin Dhūmāvatī ist die verkörperte Schönheit und Anmut an allen Gliedern!‹ – Darauf antwortete Vikarāla: ›Du tritt bei Seite und sei still! Meine Lebensliebe, Karkaśā, die ist gesegnet mit dem Reichtum einer Menge von Vorzügen, die überall ganz außerordentlich wunderbar zu Tage treten!‹ – So war der Streit der Beiden beschaffen, der auch nicht einen Augenblick aufhörte. So kam nun einstmals auf dem Wege dorthin der Paṇḍit Mūladēva des Weges einher. Als sie ihn dort erblickten, nahmen sie sichtbare Gestalt an, ergriffen ihn und sprachen folgendermaßen zu ihm: ›Du musst erst unsern Streit schlichten; dann magst du deiner Wege gehen. Welche von unsern beiden Ehegenossinnen besitzt hervorragende Schönheit?‹ – Nach diesen Worten zeigten Karāla und Vikarāla dem Mūladēva ihre beiden Frauen. Während nun Mūladēva hinsah, erblickte er die beiden Rākśasī's leibhaftig, die grausigen, die selbst einen Furchtlosen in Schrecken versetzten, indem ihre Häupter kein Haar besaßen, sie mit der Zungenspitze die Wurzel ihrer Fangzähne, welche an Totenschädeln sich erprobten, leckten, und laut mit den Zähnen knirschten; die Brüste aber aussahen wie ein Tuch zur Bedeckung ihrer Knie. So sah sie da Mūladēva, und nachdem er sie erblickt hatte, geriet er in den ärgsten Zweifel: ›Welche ich als nicht schön bezeichne, wird meine Glieder in Stücke zerreißen, indem sie sie zu einem Futter für ihre Zähne macht!‹

Nun, Prabhāvatī, wie führte er das an Verlegenheiten reiche Werk aus?« – Wiederum fragte Prabhāvatī den Papagei, und dieser sprach: »Mūladēva dachte: ›Wenn ich die eine von diesen Beiden als schön bezeichne, wird mich das andere Paar fressen; darum will ich beide als schön bezeichnen!‹ So entschlossen blickte er die Beiden an und sprach: ›Alle Beide sind voller Schönheit! Eine euch Ähnliche habe ich noch nicht gesehen! Ich meine, die Beiden, die im Besitze von zwei solchen Schönen leben, führen ein gesegnetes Dasein!‹ – Da blickten jene Mūladēva entzückt an und entließen ihn unter Ehrenbezeugungen. So kam Mūladēva mit dem Leben davon.

Wenn auch du wie Mūladēva in der richtigen Handlungsweise erfahren bist, dann gehe.«

So lautet die zweiundvierzigste Erzählung.

43

Darauf schmückte sich Prabhāvatī mit Sandel, Armbändern u. s. w. und schickte sich an, in die Wohnung des Vinayakandarpa zu gehen. Da sagte der Papagei zu ihr: »Herrin, wenn du wie Ratilīlā im Stande bist, bei dem Eintritt einer Verlegenheit einen Ausweg zu finden, dann gehe an's Werk!« – Darauf fragte Prabhāvatī den Luftbewohner nach dem Abenteuer der Ratilīlā, und jener sprach: »Höre, Prabhāvatī! Es gibt eine Stadt Parvatapurī. Dort wohnte ein Kranzwinder namens Kuṭila, dessen Gattin war Ratilīlā; die war auf fremde Männer versessen. Das Stadtoberhaupt, ein Kaufmann, ferner ein General und der Nachtwächter – mit diesen vier genoss sie der Wollust.

Eines Tages hatte der Kranzwinder in der zweiten Hälfte des Mondmonates das Mahālaya-Fest. An diesem Tage wurde alles eingeladen, was zu der Schaar der Freunde gehörte; auch Ratilīlā lud ihre vier Liebsten ein. Sie zu genießen kam zuerst der Kaufmannssohn, dem sie einen Sitz zum Hinsetzen anbot. In dem Augenblicke, da sie mit diesem zusammen die Unterhaltung begann, kam das Oberhaupt des Dorfes, ein Bauer, an. Da sie diesen kommen sah, brachte sie den Sohn des Kaufmannes in die aus Bambus hergestellte Kornkammer und legte eine Decke über ihn, dann ließ sie jenen Hausherrn in das Haus eintreten. Auch mit ihm musste sie eine fröhliche Unterhaltung führen. Inzwischen nahte sich der Beschützer der Nacht, worüber der Bauer erschrak. Da ließ Ratilīlā diesen Bauer auf die Decke über der Kornkammer sich begeben, legte einen festen Korb aus Bambus mit der Öffnung nach unten über ihn und bewirkte so, dass sein Leib verborgen war. Dann sagte sie zu dem Bauer: ›In die Kornkammer ist eine Schlange gedrungen; darum musst du hier ohne zu zucken festliegen.‹ – Darauf führte sie den Wächter der Nacht in das Haus. Während er Platz nahm, kam der Heerführer an. Da brachte sie den Nachtwandler in eine ausgegrabene Höhlung für das Feuer[67] (?) und führte dann jenen General hinein. Während er eintrat, kam ihr junger Ehemann gegangen. Da ließ sie den Oberherrn des Heeres unter die Bettstelle kriechen. Nun hielt er mit der Schaar der Freunde, die er mitgebracht hatte, die Mahlzeit ab; die Sonne aber lief in die Nähe des Abhanges des Untergangswaldes. Da machte sie denn vier Schüsseln, mit Milchreis gefüllt, zurecht und reichte sie ihnen. Um die heiße Milchspeise abzukühlen, blies der in der Kornkammer befindliche Mann mit dem Hauche seines Mundes darauf; da sprach der auf der

67 Steckt in der Lesung von H (und K?) etwa das im pw mit * bezeichnete Wort mṛtamatta = Schakal? Also zu übersetzen etwa »in eine von einer Menge von Schakalen gegrabene Höhlung«?

Decke Weilende in seinem Herzen: ›Die Schlange in der Kornkammer beginnt zu zischen. Wenn sie mich infolge einer Unachtsamkeit beißt, wie kann ich da die Möglichkeit, noch heute sterben zu müssen, abwenden?‹ – So sprach er und ließ vor Angst sein Wasser. Der Andere, der den Strom der Urinflüssigkeit sah, dachte: ›Ratilīlā tischt mir zur Mahlzeit von Milchreis noch zerlassene Butter auf!‹ und hob das Gefäß mit dem Milchreis in die Höhe, um die Schmelzbutter aufzufangen. Da verbrannte er mit der emporgehobenen Speiseschüssel, wegen der Hitze des Milchreises, den auf der Decke befindlichen Mann heftig an der Trinkstelle. Da dachte dieser in seiner Ungewissheit, dass die auf dem Fussboden befindliche Schlange ihn bisse: so im Herzen überzeugt rief er wiederholt: ›Sie packt mich! Sie beißt mich!‹ und entfernte sich eilends. Auch die übrigen Drei ergriffen eilig die Flucht, da sie im Herzen vermuteten, es sei eine Feuersbrunst ausgebrochen. Da geriet der Kranzwinder, der Gebieter des Hauses, in das höchste Erstaunen; und indem er, die Hände in die Hüften gestemmt, dastand, fragte er Ratilīlā, wo diese Männer herkämen.

Nun sage an, Prabhāvatī: was antwortete sie da bei der damaligen Gelegenheit?« – Prabhāvatī begab sich zwar auf den Pfad des Nachdenkens, fand aber die Antwort darauf nicht. Nun von Prabhāvatī nach jenem Auskunftsmittel befragt ließ der Papagei seine Rede sich betätigen: »Herrin, darauf antwortete Ratilīlā, von dem Kranzwinder befragt, folgendermaßen: ›Das waren deine Ahnen, die aus Verlangen, weil ihr Nachkomme heute das Ahnenopfer feiern wollte, leibhaftige Gestalt annahmen und an ihrem Mahālaya-Festtage hierher kamen; als sie aber gesehen hatten, dass es dir an dem rechten Glauben fehle, haben sie voller Verzweiflung und unter lauten Seufzern dein Haus verlassen und sind entwichen. Daher hat man gesagt:

Ein Totenopfer, welches abgehalten wird ohne Sprüche, ohne heilige Handlungen, ohne Glauben und aus Heuchelei – das lockt die Manen nicht an.‹

Darum, Prabhāvatī, wenn du auch im Stande bist, eine solche Antwort zu geben, dann gehe hin.«

So lautet die dreiundvierzigste Erzählung.

44

Wiederum fragte zur Dämmerzeit (?) Prabhāvatī, die in das Haus des Vinayakandarpa gehen wollte, den Papagei, wobei ihr Gesicht in sanftem Lächeln aufleuchtete. Darauf sagte der Papagei: »Herrin, wenn du wie der Brahmane Gōvinda zu handeln weißt, der erst seinen Vorteil wahrnahm und dann sein Kleid wieder bekam, dann magst du handeln.« – Als Prabhāvatī das gehört hatte, sagte sie zu dem Papagei: »Erzähle das Abenteuer des Gōvinda!« – Da sprach der wahrheitswesenskundige Luftwandler: »Höre zu, Prabhāvatī! In der Stadt Janasthāna wohnte der Brahmane Gōvinda, das Oberhaupt dieses Dorfes. Um den hochheiligen Kṛṣṇa zu sehen, ging er nach Dvāravatī; und da er durch den hochheiligen Kṛṣṇa Geld erlangt hatte, vollbrachte er mit Bezug auf den höchsten Herrn mit dem Gelde u. s. w. eine ganz besondere Verehrung, die den hochheiligen Kṛṣṇa sehr erfreute; verweilte einige Tage und kehrte wieder um. Unterwegs wurde er von Räubern vollständig ausgeplündert und gelangte so an ein Dorf. In dessen Nähe erblickte er einen Feldrain und eine junge Witwe, die Hüterin darüber, die auf einem Gerüste saß und die Vögel verscheuchte. Ermüdet setzte er sich an den Fuß eines in der Nachbarschaft befindlichen Baumes, nahm den auf seiner Schulter hängenden Sack herab und gab ihr, indem er das Band des Sackes löste und die Namen des Gottes, wie Hari, Hari, hochheiliger Kṛṣṇa, Herr von Dvārakā und ähnliche nannte, die Überreste des Opfers für den hochheiligen Kṛṣṇa mit den Worten: ›Empfanget die große Gnade des hochheiligen Kṛṣṇa!‹ – Er blieb dort sitzen und begann, eine den Ideen der Witwe entsprechende Geschichte zu erzählen. Nachdem er fünf oder sechs derartige Worte hatte verlauten lassen, sprach er wieder von seinem Wunsche: ›Ich bin nach Dvāravatī gegangen, um den hochheiligen Kṛṣṇa zu sehen und bin jetzt wieder auf dem Heimwege. Seit ich aus meinem Dorfe weggegangen bin, sind acht Monate verflossen. Ich habe hier ein schönes Manteltuch: das will ich dir geben. Der Herrscher, der hochheilige Kṛṣṇa, wird Freude empfinden, wenn du mir nur einmal den Liebesgenuss gewährst, die du mit deinen Zähnen Strahlen wirfst, welche fähig sind, die knospenzarte Helligkeit der Strahlen des zu Beginn des Herbstes aufgehenden Mondes zu verdunkeln, der mit einem Hasen als Warze reichlich gezeichnet ist, zarter als der schauspielernde Fürst mit den fünf Pfeilen.‹ Mit solchen Worten verneigte er sich vor ihr und erwies ihr Hochachtung, indem sein Haupt zur Biene für die Lotus der Füße derselben wurde, die an Gewandtheit des durch den Fürsten mit den fünf Pfeilen gewandt gemachten Herzens dem glich, der sich im Bereiche ihrer Augen befand; und die zwar infolge des Empfanges der Weihe junger Witwenschaft ihr Verhalten vorgeschrieben erhielt, aber doch, infolge seiner Lobreden, volles Vertrauen zeigte, welches sich in inniger Weise äußerte. Aber da sie ganz darin aufging, sich fußfällig bitten zu lassen, wünschte sie nicht sogleich sich zu erheben; und da die junge Witwe mit Gewalt nicht gewonnen sein wollte, vervielfältigte er seine Gewandtheit in der Kenntnis der mannigfachen Verehrung der Fußlotus, sprach Worte, die zartes Mitleid zu erwecken geeignet waren, ließ sein Herz überströmen durch die Mitteilung der Ware der hervorragenden Verdienste, die er sich erworben hatte durch das Schauen der schutzverleihenden Füße des Vernichters des Madhu, des Oberherrn von

Dvāravatī[68], der trefflichsten unter den Städten, der ganz darin aufgeht, unaufhörlich das Tor der Hölle zu sperren und zu schließen; gab ihr sein einziges Besitztum, sein Gewand und sagte: ›Es ist billig, meine Bitte nicht abzuschlagen!‹ – Als sie so dasaß, ward ihr Herz von Mitleiden gegen ihn ergriffen, da er in der Kenntnis der Mannigfaltigkeit mitleiderweckender Worte gewandt war und es verstand, ihr um den Mund zu gehen. So begann sie daran zu denken, an die Ausführung des Beischlafes zu gehen. Gewöhnlich lässt ja wohl der Mensch die Schamhaftigkeit fahren, wenn er durch die Geschosse des Blumenpfeilschützen betört worden ist. Daher sagt man:

> Den Bedürftigen wird eine Gabe gereicht, dem bloßen Phallus Verehrung gezollt: wenn man für Schutzlose das Totenopfer bereitet, dürfte man die Segnung des Pferdeopfers erlangen.

Indem sie so den Pfad der Überlegung wandelte, befriedigte sie darauf sein Herz. Als das geschehen war, blieb er noch eine Weile stehen, um sich schwere Sorge wegen seines Gewandes zu machen.

Nun, Prabhāvatī, sage du an: durch Anwendung welcher List bekam jener Gōvinda sein als Mantel wohlgeeignetes Gewand wieder?« – Als Prabhāvatī dieses Wort des Vogels vernommen hatte, überlegte sie gehörig mit dem Auge des Nachdenkens; aber sie fand die Gewandtheit jener List in ihrem Verstande nicht. Darauf ging die Nacht zu Ende; und am Morgen fragte Prabhāvatī den Luftwandler: »Ich kann es nicht herauskriegen; Himmelswanderer, gib du die Ausführung jener List an!« – Darauf redete der Papagei: »Darauf, Prabhāvatī, begab sich jener nur mit dem Himmel bekleidete Gōvinda, dem der Edelstein am Himmel infolge seiner übermäßigen Glut die Schädelgegend am Kopfe zu sprengen drohte, stracks in das

68 Kṛṣṇa.

Dorf. Hier saßen an dem Eingange in das Dorf fünf oder sechs der Dorfältesten, welche es verstanden, für die fünf Stände den Weg zu finden, der zu ihrer Wohlfahrt führte, und die Kunst verstanden, die Anliegen aller Bittsteller zu befriedigen. Als der nur mit einem Lendentuche Begüterte diese erblickt hatte, legte er die Hände zusammen und sprach: ›Leiht mir aufmerksam euer Ohr, ihr Herren! Von weit her kommend auf weitem Wege erblickte ich ein Feld; und da ich fühlte, dass der Hunger mich heftig quälte, nahm ich, dem die Fülle der frommen Handlungen geschwunden war, ein Paar Gurkenfrüchte und fand dadurch diesen Weg![69] (Denn) Da stieg die auf dem Gerüste befindliche Frau, welche das Feld hütete, von dem Gerüst herab und nahm mir mein Gewand. Ich bin nach dem hochheiligen Dvārakā gegangen, habe den hochheiligen Kṛṣṇa geschaut und stehe nun im Begriffe, wieder in mein Dorf zurückzukehren. Da ich aber kein Gewand besitze, gehe ich mit unverhülltem Körper einher. Daher lasst mir mein Gewand wieder einhändigen!‹ – Nachdem er so verhandelt hatte, setzte er sich vor ihnen nieder. Da ließen ihm jene sein Gewand in seine Hände geben; der Frau aber zürnten die Obersten des Dorfes. Von ihnen entlassen machte sich jener Brahmane auf dem Weg nach seiner Heimat.

Darum, Prabhāvatī, wenn du es auch verstehst, eine solche List zu ersinnen, dann gehe getrost an's Werk!«

So lautet die vierundvierzigste Erzählung.

45

Darauf fragte Prabhāvatī den Vogel, um in die Nähe ihres Buhlen gehen zu können; und von ihr aufgefordert sprach nun der Zweigeborene: »Maticakōrā, wenn du wie Sālaśrēṣṭhin einen betrügerischen Kampf zu führen weißt, dann gehe!« – Darauf

69 Geriet in diesen Zustand.

redete Prabhāvatī den Papagei an, um diese Geschichte zu vernehmen; und von ihr befragt erzählte der Papagei denn: »Höre, Prabhāvatī! Es gibt eine Brahmanensiedelung namens Pīḍavasi. Dort wohnte der Kaufmann Sālaśrēṣṭhin; der begab sich, um Reis zu kaufen, mit vielem Gelde nach dem Schmucke der Erde, welcher die Bezeichnung Śrīpura führt. Dort brachte er den angesehensten Landmann, den Vordermann aller wegen seiner vielen Pflüge, der von vielen Landarbeitern umgeben war, in die Nähe seiner Augen. Sālaśrēṣṭhin begann mit ihm eine gar treffliche Unterredung und fragte ihn nach Weizen. Da antwortete der Landmann: ›Den heutigen Tag mögen der Herr hierbleiben; morgen, wenn der Herr des Tages aufgeht, werde ich Euch Weizen zeigen. Da gebe ich mein Wort darauf.‹ – Nach diesen Worten ging der Bauer mit dem Kaufmann zusammen nach seinem Hause. Dann speisten sie Beide an einem Tische, worauf Sālaśrēṣṭhin anfing, sich behaglich zu fühlen. Darauf betrachtete er mit offenen Augen die Gattin des Landmannes mit ihren beweglichen Seitenblicken; die bedrückt war durch die Last ihrer schweren, dicht gedrängten Hinterbacken; die Verlangen zeigte nach dem erbitterten Kampfe des Ungleichpfeiligen; deren Perlenkette zum Vorscheine kam, da die Streitigkeit über die Grenze zwischen den beiden hochragenden Brüstekrügen aufhörte, und die die Flamingo's infolge der Besiegung im Gange (verstummen und) lüstern machte, den Ton der juwelenbesetzten Fußspangen zu vernehmen, die bei ihrem schwebenden Gange erklirrten. Infolge ihres Anblickes stand der Kaufmann, dessen Festigkeit durch den Anprall des Pfeilregens des Liebesgottes erschüttert war, einen Augenblick da, indem sein Herz zur Spinne in dem Schlinggewächs Sorge wurde. Nachdem er ihr dann durch den Mund dieser Botin sein heftiges Verlangen kundgetan hatte, gab er ihr seinen juwelenbesetzten Ring, den er am Finger trug, zum Geschenke und genoss dann den wonnevollen

Kampf des Fünfpfeiligen; und sie, deren Sinne ihr vor Verlangen nach dem Siegelringe schwanden, war ihm zu Willen unter Preisgabe ihres ganzen Leibes. Darauf, am Ende des Wollustgenusses, empfand Sālaśrēṣṭhin in seinem Herzen die schwerste Bestürzung: ›Der wunderkräftige, an meiner Hand befindliche, an Wert der ganzen Erde gleiche, juwelenbesetzte Siegelring ist dahin! Was für eine List soll ich da nun vorbringen?‹

Nun, Prabhāvatī, auf welche Weise bekam der Kaufmann unter solchen Umständen seinen Siegelring wieder?« – Wiewohl darauf Prabhāvatī gehörig überlegte, wusste sie doch die List nicht. Von ihr befragt begann nun der Papagei zu erzählen: »Höre du, die du nach der Zusammenkunft mit dem Buhlen Verlangen trägst. Bei Tagesanbruch begab sich Sālaśrēṣṭhin an den Fluss, vollzog die Reinigung der Hände, Füße und übrigen Körperteile, malte sich aus Sandel ein Zeichen auf die Stirn, begab sich zu dem am Dorfeingange sitzenden ersten unter den Bauern und sagte folgendes zu ihm: ›Wir werden früh hingehen und unsere Stiere holen; dann wollen wir die Säcke mit Weizen füllen, sie ihnen auf den Rücken laden und abreisen. Deine Gattin hat mit mir einen Kontrakt geschlossen: damit dieser Kontrakt getreulich gehalten werde, habe ich deiner Gattin den Siegelring von meiner Hand eingehändigt.‹ – Als der Bauer diese Worte des Kaufmanns vernommen hatte, geriet er in Zorn und sprach: ›So lange die Hauptperson da ist, hat ein von der Frau abgeschlossenes Geschäft keine Gültigkeit! Siehe doch deren Trefflichkeit, die soweit geht! Woher kommt denn diese Selbständigkeit, dass sie ohne mich den Abschluss von Geschäften besorgt?‹ – Darauf sagte der Landmann unwillig zu seinem in der Nähe befindlichen Sohne: ›Gehe hin, begib dich nach Hause und lass dir von deiner Mutter dessen Siegelring hier geben.‹ – Da tat dieser das auf Befehl seines Vaters.

Darum, Prabhāvatī, wenn du auch solche Betätigung der Erkenntnis zu leisten vermagst, dann erglänze in der Ausführung jenes (Vorhabens).«

So lautet die fünfundvierzigste Erzählung.

46

Wiederum richtete Prabhāvatī in dem Wunsche, in die Nähe des Buhlen zu gehen, ihre Aufmerksamkeit auf den Vogel. Darauf sagte dieser: »He, Prabhāvatī, wenn du wie Buddhimatī, um über eine Antwort hinwegzukommen, schauspielern kannst, dann gehe an das Werk.« – Darauf sprach Prabhāvatī: »Wie kam Buddhimatī über eine Antwort hinweg? Du magst diese Geschichte erzählen!« – Als der Papagei das gehört hatte, erzählte er: »In einem Dorfe mit der Benennung Maṅgalapura wohnte ein Bauer mit Namen Kalita; dessen Gattin, Buddhimatī, sagte einstmals zu ihrem Manne: ›Bring mir ein seidenes Kleid als Kleidungsstück für mich mit!‹ – Als der Bauer das gehört hatte, gab er ihr zur Antwort: ›Wir sind Hausväter, deren Reichtum der Ackerbau bildet: unseresgleichen zieht baumwollene Sachen an! Was willst du also mit einem seidenen Gewande anfangen?‹ – Da Buddhimatī diese seine Worte vernommen hatte, verhielt sie sich schweigend. Eines Tages, als alle Leute an dem Dorfeingange saßen, war unter ihnen auch jener Landmann, der unter diesen Leuten die oberste Stelle einnahm. Da sandte sie seinen Sohn hin, um ihn holen zu lassen: ›Du, gehe einmal hin und sage folgendermaßen zu deinem Vater, wenn du hingekommen bist: Die Reissuppe ist fertig; der Herr sind eingeladen, das Mahl einzunehmen.‹ – Da ging das Kind in seine Nähe und richtete das aus: da schämte sich der Bauer in seinem Herzen gewaltig über dieses derartige Wort, welches ihn heftig traf. So kam er nach Hause; die anderen aber alle, die dort saßen, spotteten über ihn: ›Bei einem solchen Manne spricht man nun von Reichtum! Wie kann in seinem Hause

Reissuppe aufgetischt werden?‹ – So spotteten alle über den Landmann. Da er nun der Buddhimatī zürnte, ließ diese das treffende Wort erglänzen: ›Was haben Hausväter von deinesgleichen, die nur vom Ackerbau leben, Befürchtung vor Beschämung zu hegen?‹ – Als er das hörte, lachte er und sprach: ›Als ich jenes Wort ausgesprochen habe, hat uns keine Beschämung getroffen! Ich will dir ein vorzügliches Seidenkleid zu deiner Bekleidung schenken, aber du musst durch eine besondere List dieses dein Wort so drehen, dass es einen anderen Sinn erhält! Du musst so sprechen, dass ich mich nicht mehr zu schämen brauche.‹

»Nun, Prabhāvatī, sage du an: durch Anwendung welcher List machte sie der Not ein Ende?« – Wiewohl darauf Prabhāvatī, von dem Papagei befragt, ihren Sinn ganz und gar dem Nachdenken weihte, fand sie in ihrem Geiste doch die Entscheidung hierüber nicht und fragte darum den Papagei. Dieser sprach: »Da bereitete Buddhimatī zu Hause mannigfache gekochte Speisen und gab vorher ihrem Gatten folgende Anweisung: ›Du musst heute mit allen Leuten zusammen an jenem Dorfeingange sitzen. Dann werde ich wiederum das Kind in deine Nähe schicken, um dich holen zu lassen und sagen lassen, dass die Reissuppe fertig ist. Dann musst du zu den bedürftigen Leuten sagen: Kommt alle mit; wir wollen die Reissuppe essen! Mit solchen Worten musst du alle deine Freunde in unsere Küche bringen.‹ – Nachdem der Landmann vorher so eingeweiht worden war, setzte er sich, umgeben von allen Leuten, an dem Dorfeingange nieder. Da schickte sie wiederum seinen Sohn und ließ sagen: ›Vater, komm, die Reissuppe ist fertig; kommt zum Essen!‹ – Er kam in die Nähe seines Vaters und bestellte es; worauf dieser alle Leute folgendermaßen anredete: ›Kommt alle mit; lasst uns die Reissuppe essen!‹ – Als sie das hörten, gingen alle zusammen mit, um zu essen, und zwar voller Begierde, das Abenteuer zu sehen: da waren verschiedene Reisspeisen und mancherlei besondere Gerichte aufgetragen! Nun nahmen Alle dies also beschaffene, aus himmlischen Speisen bestehende Mahl ein, bei dessen Anblick sie alle unter einander sprachen: ›Aber der Bauer steht sich einmal gut! Für sie gilt ein solches hervorragendes Essen für Reissuppe!‹ – So gerieten Alle über das vorzügliche Mahl in ihrem Herzen in Staunen.

Darum, Prabhāvatī, wenn du durch eine derartige List eines solchen Wortes etwas anders darstellen kannst als es ist, dann darfst du deinen Wunsch befriedigen.«

So lautet die sechsundvierzigste Erzählung.

47

Wiederum blickte Prabhāvatī in dem Wunsche, zu ihrem Geliebten gehen zu können, den Luftsegler an. Der Papagei, der ihre Gebärde verstand, sprach: »Herrin, wenn du wie Halapāla bei Eintritt eines feindlichen Angriffes durch Anwendung besonderer Klugheit im Herzen der Anderen den Anschein zu erwecken weißt, als sei der wirkliche Sachverhalt ein ganz anderer, dann gehe an die Erfüllung deines Wunsches.« – Darauf entgegnete Prabhāvatī: »Was für eine Klugheit bewies Halapāla? Erzähle diese Geschichte!« – Darauf sprach der Papagei: »In einem Dorfe namens Mōhanapura wohnte der Bauer Pūrṇapāla. Dessen Diener hatte den Pflug zu führen; sein Name war Halapāla. Ihm brachte zu seiner Speisung die Tochter des Pūrṇapāla täglich Essen auf das Feld. Zwischen diesen Beiden fand dort der Ursprung einer Fülle nicht geringer Wonne, der Beischlaf, statt. Dieses ihr Treiben auf dem Felde erzählten die Nachbarn dem Pūrṇapāla. Darauf versteckte sich dieser einstmals, um die Geschichte mit anzusehen. Da kam sie denn auch mit dem Essen gegangen, und zwischen jenen Beiden fand der Liebesgenuss statt. Diesen Vorfall sah Pūrṇapāla mit an. Als aber Halapāla seinen Blick nach vorn richtete, bemerkte er, dass Pūrṇapāla sich näherte.

Nun sage an, Prabhāvatī: was gab Halapāla da für eine Antwort?« – Wiewohl nun Prabhāvatī darauf eifrig überlegte, fand sie doch diese Antwort nicht. Von ihr befragt, ließ dann der Papagei Prabhāvatī diese Antwort hören: »He, Prabhāvatī, als Halapāla den Pūrṇapāla herbeikommen sah, sprach er zu dessen Tochter: ›Lege dich mit dem Gesichte nach unten schlafen.‹ Darauf rieb er heftig mit beiden Händen ihren Leib und sprach dabei für sich folgendes: ›Verbrennen möge mein Leib! Niemals habe ich die Armseligkeit der Armut gekannt (bis heute): am Tage führe ich den Pflug, in der Nacht aber muss ich die Kühe anlegen, melken und sonstige Arbeiten verrichten. Dann stehe ich in der vierten Nachtwache darauf auf und muss ausziehen, um die Stiere im Walde zu weiden. Jetzt hatte ich eben gegessen; ehe aber das Essen nach dem Speisebehälter hinab gelaufen war, sprang der Tochter des Herrn ein Gelenk aus seiner richtigen Lage. Da mussten nun, um das wieder in die richtige Lage zurück zu bringen, Massieren u. s. w. vorgenommen und auch ihr Bauch gerieben werden. So viel Arbeit kann ich nicht leisten. Heute wird der Herr kommen: da werde ich ihm den Dienst aufsagen und gehen, wie ich gekommen bin.‹ – Pūrṇapāla aber, der ungesehen diese Worte mit anhörte, sprach darauf in seinem Herzen: ›Dieser arme Teufel ist von wahrer Treue! Seine Arbeitslast ist allerdings groß; jetzt streicht er ihren Leib: die Leute, die das sehen, wissen (den wahren Sachverhalt) nicht und schwatzen irgend etwas.‹ – Darauf nahm er Halapāla in Ehren an.

Also, Prabhāvatī, wenn du auch solche Gewandtheit des Wissens zu üben weißt, dann gehe mit Fleiß an die Ermöglichung der Erfüllung deines Wunsches.«

So lautet die siebenundvierzigste Erzählung.

48

Darauf redete Prabhāvatī, die in die Nähe des Vinayakandarpa gehen wollte, wiederum den edelsten unter den Vögeln an, und dieser sprach: »Herrin, wenn du wie Priyaṃvada eine besonders schlaue List vorzubringen weißt, dann rüste dich!« – Sie drang in den Papagei mit der Frage, wie dies Abenteuer gewesen wäre, worauf dieser, um das zu schildern, sprach: »Höre, Herrin Prabhāvatī! Es gibt eine Stadt namens Vinōdapura; dort lebte ein Kaufmann mit Namen Priyaṃvada. Da dessen Vermögen allmählich zu Ende ging, borgte er sich Geld, um ein Unternehmen anfangen zu können und so die grundlegenden Mittel sich zu verschaffen. (Als Pfand gab er dem Gläubiger seine kupferne Wage.) Nachdem er das Geld erhalten hatte, ging er aus, um sein Unternehmen zu versuchen; und als er diese Handelsunternehmung beendigt hatte, ging er in die Wohnung des Gläubigers, um ihm das Geld zurückzuzahlen und seine kupferne Wage wieder zu holen. Da bekam der Gläubiger Verlangen nach der Wage und sagte deshalb zu dem Schuldner: ›Deine kupferne Wage haben die Mäuse gefressen!‹ – Als der Schuldner dies Wort vernommen hatte, gab er ihm darauf nichts zur Antwort, sondern stand schweigend da. Dann trat der Schuldner zu ihm heran und sagte: ›So will ich denn nach Hause gehen!‹ – Darauf gab der Gläubiger zur Antwort: ›Heute magst du (bei mir) das Mahl einnehmen, nachdem du gebadet und die Anbetung der Gottheit verrichtet hast und dann dich in deine Wohnung begeben!‹ – Darauf ließ er ihn dort Rast machen, um ihm in jeder Weise seine Liebe zu beweisen. (?) Dann, als es Zeit war, nach Hause zu gehen, nahm er den an der Tür spielenden Knaben des Gläubigers auf die Hüfte und ging vor aller Augen damit weg auf sein Haus zu. Dann nahm er das Kind und steckte es in den Keller. Nun suchte die Schaar der Verwandten und Freunde, Mutter und Vater des Kindes eifrig; und überall ertönte die Bekanntmachung, dass das Kind nicht zu finden sei. Da sagte eine Frau, seine Nachbarin: ›Der Gast, der zu Euch gekommen war, ist mit Eurem Kinde davongegangen!‹ – Darauf begaben sich jene eilig nach seinem Hause, und als sie dorthin gekommen waren, fragten sie ihn, worauf er antwortete: ›Ich habe dein Kind nicht geraubt!‹ Während die Beiden sich stritten, gab es einen Lärm, der bis an den Himmel drang. Die beiden streitenden Parteien begaben sich an den Hof des Königs, wo der Gläubiger das Vergehen jenes in Gestalt des Kindesraubes dem Könige mitteilte. Dieser ließ jenen Schuldner vortreten und fragte ihn: ›Du hast dessen Kind geraubt: warum hast du das getan?‹

Nun sage an, Prabhāvatī: was gab da der Schuldner zur Antwort?« – Wiewohl darauf Prabhāvatī ihre Gedanken auf die Überlegung richtete, konnte sie doch diese Antwort nicht angeben. Darauf ließ Prabhāvatī durch den Mund des Papageis jene Antwort zum Vorschein bringen: »Nun meldete jener dem Könige: ›Ich hatte dessen Knaben mitgenommen; als ich aber diesen Knaben wieder in seine Wohnung bringen wollte, kam plötzlich aus der Luft ein Falke herab; dieser Himmelswandler ergriff dessen Kind und begab sich eilig wieder auf den Luftweg.‹ – Als die Minister jenes Erdherrschers, die mit dem Erdengotte vereint eifrig die Entscheidungen trafen, diese Antwort vernommen hatten, riefen sie alle: ›Das ist unerhört! Unerhört!‹ und staunten: ›Was sagst du da für ungereimte Worte? Wo hätte ein Falke je ein Kind geraubt? Das ist ja nie gesehen noch je gehört worden!‹ – Darauf sagte er zu dem Oberherrn der Erde, mit leiser Freude im Herzen: ›Man hat ja gesagt:

> Wo die Mäuse eine Wage von tausend (Pfund?) Kupfer verzehren, kann auch ein Falke einen Elefanten rauben: sage, wozu des Aufhebens, wo es sich nur um einen Knaben handelt?‹

Darauf sagten die Weisen abermals zu ihm: ›Was willst du damit sagen? Drücke dich in geraden Worten aus!‹ – Da erzählte er ihnen die Geschichte mit der Wage von Anfang an. Als der Führer der Erde diese Geschichte vernommen hatte, zürnte er dem Gläubiger und ließ jenem seine kupferne Wage zurückgeben.

Darum, Prabhāvatī, wenn du auch eine solche List vorzubringen verstehst, dann richte deine Aufmerksamkeit auf die Ausführung deines Vorhabens.«

So lautet die achtundvierzigste Erzählung.

49

Wiederum von Prabhāvatī befragt sprach der Papagei: »Herrin, wenn du wie der Brahmane Mantrasāra im Stande bist, bei Eintritt einer Verlegenheit glücklich durchzukommen, dann bringe deinen Wunsch zur Erfüllung.« – Darauf entgegnete Prabhāvatī: »Wie überwand denn Mantrasāra die Verlegenheit? Erzähle diese Geschichte!« – Darauf sagte der Papagei: »Höre zu, Prabhāvatī! In einer Stadt mit Namen Surābhavana führte ein König namens Candraśēkhara die Herrschaft. Seine Tochter hieß Malamañjarī. In diesem Dorfe (!) war ein Brahmane mit Namen Mantrasāra, der von Almosen lebte. Wenn jemandem der Kopf, der Bauch u. s. w. weh tat, dann verordnete er geweihtes Wasser oder geweihte Asche. So stand er bei den schlankleibigen Frauen des Dorfes in hohem Ansehen, da er den Kindern die Dämonen fernhielt u. s. w. Er verstand durchaus nichts, hielt sich aber durch dreistes Auftreten. So stand es, als die Tochter des Königs am Halse eine absonderliche Art von Anschwellung bekam. Um dieselbe zu entfernen, wurden vielfach Ärzte und Beschwörer berufen; aber durch Keines Bemühung ward das Geschwür geheilt. Da gaben alle Ärzte sie auf mit der Bemerkung, dass dies Geschwür unheilbar sei. Darauf ließ der König unter Trommelschall vor allem

Volke bekannt machen: ›Wer das Geschwür meiner Tochter beseitigt, dem werde ich tausend Goldstücke geben!‹ – Diese Kunde vernahm eine Frau, die Gattin des Mantrasāra, auf der Straße. Sie trat herzu und sprach nach erhaltener Erlaubnis zu ihnen: ›Mein Mann wird das Geschwür der Königstochter beseitigen.‹ – Darauf schickte der König seine Soldaten mit ihr hin, um jenen herbeizuholen. Als Mantrasāra das sah, sprach er zu seiner Frau: ›Was bedeutet das?‹ – Darauf erzählte sie ihm die Geschichte. Da rief er ›Sündhafte! Da hast du etwas grenzenlos Ungereimtes begangen! Ich verstehe durchaus nichts, dass ich im Stande wäre, irgend ein besonderes Heilmittel anzuwenden. Du hast mir diese große Unannehmlichkeit eingebrockt!‹ – Nach diesen Worten begann er, sich zu sorgen. Aber seine Frau sprach zu ihm: ›Was machst du dir Kopfschmerzen? Wo gibt es hier in dieser Welt einen Menschen, der Wissen besäße? Ein Jeder ist von Lügen umgeben! Darum gehe dorthin, tritt vor den König, besieh das Geschwür seiner Tochter, sprich Beschwörungsformeln darüber und kehre dann wieder heim. Nach zwei Tagen wird es mit dem Mädchen besser werden, und dein Ruhm wird den der (ganzen) Erde übertreffen. Wenn es aber nicht besser wird, dann wird die Schuld daran auf das Alter des Mädchens geschoben. Das ist die gewöhnliche Handlungsweise von Euch Ärzten.‹ – Mit solcher besonderen Art von List sprach die Frau dem Mantrasāra Mut ein. Darauf gedachte dieser seiner Schutzgottheit und ging hin, den Männerfürsten zu sehen. Als er nun den König gesehen hatte, zeigte ihm dieser das Halsgeschwür seiner Tochter.

Nun sage an, Prabhāvatī: welche List gebrauchte dieser Mantrasāra bei dieser Gelegenheit?« – Darauf begann Prabhāvatī, die ihre Gedanken darauf richtete, das Überlegen dieser Sache vorzunehmen, aber sie fand den Kern derselben nicht. Als nun die Nacht darüber hingegangen war, fragte sie den Papagei; und dieser sprach: »Darauf ergriff der Brahmane einen Büschel darbha-Gras[70] und begann, das Geschwür des Mädchens zu besprechen. Dieser Spruch lautete in Worten ausgedrückt: ›Om! Verneigung dir, du Nichtkahlköpfige, Herrin! Du bist ja meine Herrin! Du Caṇḍāla-mäßige Brahmanin, mir ist ein Unheil zugestoßen: wenn du mich aus dieser schlimmen Lage heraus bringst, dann bist du *mein Mann*. Du mit dem Gesichte nach unten Sehende, Schweigen Beobachtende – Heil!‹ – So lautete der Spruch, den er herzusagen begann; und die Königstochter vernahm den Spruch des Mantrasāra. Infolge des Anhörens dieses Spruches verzog sich der Mund der Königstochter zum Lachen. Da zogen sich infolge des Ausbruches des Lachens die zusammengeschrumpften Adern am Halse der Königstochter durch die dabei angewandte Gewalt auseinander; und da in diesem Augenblicke das Geschwür reif geworden war, so platzte es durch das gewaltsame Emporziehen der Nase, worauf die darin befindliche Eiterflüssigkeit vollständig herauslief und jene wieder gesund wurde. Da erwies ihm der König Ehren.

Darum, Prabhāvatī, tue nach deinem Wunsche, wenn du einer solchen Mühsal zu entrinnen vermagst.«

So lautet die neunundvierzigste Erzählung.

50

Wiederum machte Prabhāvatī, da sie in die Wohnung des Buhlen eilen wollte, den Vogel zum Ziele ihrer Frage. Der Papagei sprach: »Herrin, wenn du wie Bālakṛṣṇa verstehst, eine Antwort umzutauschen, dann kümmere dich (um dein Vorhaben).« – Prabhāvatī sprach zu dem Papagei: »So erzähle das Abenteuer, wie Bālakṛṣṇa eine Antwort umtauschte!« – Darauf sprach der Papagei: »In der Stadt Gōvardhana ist ein großer Tempel der Lakṣmī und des Nārāyaṇa. Ihr Tempeldiener war

70 Bezeichnung verschiedener, zu heiligen Handlungen gebrauchter Gräser.

ein Brahmane mit Namen Dēvadhara. Dieser besaß einen fünfjährigen Knaben, der den Namen Bālakṛṣṇa führte. Dessen Mutter starb. Später verheiratete sich der verwitwete Dēvadhara wieder; und diese Stiefmutter des Bālakṛṣṇa setzte diesen immer zurück und gab ihm nicht einmal Reisbrei und ähnliche Dinge zur Pflege. Da erzählte es Bālakṛṣṇa seinem Vater, wie er von ihr vernachlässigt würde. Als er aber aus Liebe zu ihr nichts sagte, was auf die Verhütung der Vernachläßigung des Sohnes abzielte, so überlegte unter solchen Umständen jener Bālakṛṣṇa: ›Was ist nun weiter für ein Mittel anzuwenden? Auch der Vater zeigt jetzt Gleichgültigkeit gegen mich(?), indem er zu jener übermäßige Liebe zeigt! Ich will also ein Mittel anwenden, damit diese Liebe zu ihr in Stücke bricht; dadurch wird dann von selbst mein Nutzen zur Geltung kommen.‹ Eines Tages nun, als Bālakṛṣṇa seinen Vater erblickt hatte, trat er zu ihm und sprach: ›Väterchen, darf ich dir etwas mitteilen?‹ – Der Vater sprach: ›Rede!‹ worauf Bālakṛṣṇa antwortete: ›Ich habe noch einen zweiten Vater. Wie du tust, so tut auch er Tag für Tag.‹ – Darauf sagte der Vater: ›Den musst du mir einmal zeigen!‹ – Bālakṛṣṇa sprach: ›Ich werde ihn dir eines Tages zeigen!‹ – Nach diesen Worten verstummte er. Da stieg in dem Herzen des Dēvadhara der Zweifel auf, und er sprach zu sich: ›Wer vermisst sich, das Treiben der Weiber zu kennen? Sicherlich sind wohl die Frauen niemandem ergeben! So heißt es:

> Ein Wissen muss, selbst in einem gut gebildeten Verstande, (von Neuem) durchdacht werden; gegen einen Fürsten muss man misstrauisch sein, selbst wenn man ihn für sich gewonnen hat; eine Jungfrau muss gehütet werden, selbst wenn sie auf unserem Schoße sitzt: wie sollte ein Wissen, ein Fürst und eine Jungfrau sich unserer Herrschaft fügen?

Was das Kind auch immer spricht, das Wort kann nicht ohne Hintergrund sein! Irgendwie ist etwas Wahres daran.« – Nachdem er im Herzen so überlegt hatte, versagte er seiner Gattin die frühere Liebe und begann im Ausstoßen von Schimpfworten, durch Schläge u. s. w. seine außerordentlich wütende Gesinnung zu offenbaren. Da fing seine Frau an zu überlegen: ›Mein Gatte erwies mir (bisher) eine so ganz unvergleichliche Liebe; die ist aber jetzt durch die Bemühung dieses Bālakṛṣṇa zunichte gemacht worden. Darum will ich diesen herbeiholen und dann ein Mittel anwenden, damit er gut wird.‹ – Darauf holte sie diesen Bālakṛṣṇa herbei und sprach dann: ›Du bist mein Väterchen! Wenn du mir zu Nutzen bist, will ich auch deine Wünsche erfüllen.‹ – Darauf antwortete Bālakṛṣṇa: ›Was kümmert mich dein Nutzen? So steht es doch mit dir: so lange Zeit her hast du dich um mich durchaus nicht gekümmert!‹ – Darauf sagte sie: ›Lieber, von jetzt ab werde ich dich ordentlich pflegen. Alles was reizend ist, will ich dir geben. In diesem Punkte soll mein Wohltun beruhen, und darauf gebe ich mein Wort.‹ – Da verpflichtete sich Bālakṛṣṇa, ihr von Nutzen sein zu wollen.

Nun, Prabhāvatī, überlege auch du: wie machte Bālakṛṣṇa seine früher getane Äußerung ungesprochen?« – Darauf begann Prabhāvatī zu überlegen, aber sie fand es nicht, worauf sie den Vogel fragte; und dieser sprach: »Prabhāvatī, darauf ging jener Bālakṛṣṇa, als er seinen Vater dasitzen sah, in seine Nähe und sprach: ›Väterchen, ich will dir meinen zweiten Vater zeigen!‹ – Darauf entgegnete er: ›Zeige ihn!‹ – Nach diesen Worten holte jener einen Spiegel herbei, fasste ihn mit der Hand und stellte ihn seinem Vater gegenüber. Dann zeigte er auf das darin befindliche Abbild und sprach: ›Der eine Vater bist du, der andere Vater ist dieser hier.‹ Er bewegte die Hand: da bewegte sich auch die Hand des Spiegelbildes. Darauf sagte er: ›Das hier ist er: was du tust, das tut auch dieser.‹ – Da verschwand auf dies Wort hin die in seinem Herzen haftende Verstimmung.

Darum, Prabhāvatī, wenn du ebenfalls so ein gesprochenes Wort umzudrehen weißt, dann begib dich an die Ausführung deines Wunsches.«

So lautet die fünfzigste Erzählung.

51

Wiederum fragte Prabhāvatī den Vogel, worauf dieser sprach: »Herrin, Prabhāvatī, der Minister Bahubuddhi beseitigte die Verlegenheit des Fürsten: wenn du eine solche ausgezeichnete List anzuwenden weißt, dann mache dich auf den Weg.« – Als Prabhāvatī das gehört hatte, fragte sie den Papagei nach der Geschichte von Bahubuddhi. Darauf ergötzte der Vogel, der dieselbe erzählen wollte, Prabhāvatī durch das Aneinanderreihen seiner Worte: »In einer Stadt mit Namen Pratāpapura lebte ein Fürst mit Namen Bharatācārya. Dessen Minister hieß Bahubuddhi. Immer beschäftigte er sich Tag und Nacht mit den Konzerten dieses Ministers und war ganz Ohr bei dem Gesange der Sänger. Eines Tages sangen die Mātaṇgās[71], und unter ihnen trug eine Sängerin mit Namen Kōkilā ein Solostück vor. Als sie sang, erscholl eine wundervolle, vorher nie gekannte Melodie. Ganz versunken in diese eine Sache standen bei deren Gesange selbst die Schauspieler da, indem ihre äußeren wie inneren Funktionen unterbrochen waren. Auch das Herz des Königs war hoch entzückt. Da ward sein Sinn um dieser Sängerin willen von der Menge des Rauches bedeckt, der aufwirbelte, da er von dem Liebesgotte in helle Flammen versetzt worden war, wobei es sich zeigte, dass der eigene Stolz der dadurch verschleierten (sonst so) vorzüglichen Urteilskraft entglitt; und nahm sich die wogende Lust zum Ziele. Da es nun so mit ihm stand, was geschah da? Darauf sagte der Minister, der außerordentlich in Kunstgriffen erfahren war, zu

71 Vergl. Erzählung 26 und 34.

dem irdischen Pāka-Züchtiger[72]: ›Majestät, niemals darf man zulassen, dass ein Verlangen unterdrückt wird: dass es erfüllt wird, dafür muss man stets sorgen. Du bist der König: was hast du? Wenn das Schicksal eine schwere Schädigung des Lebens sendet, ist irgendwo die Handlungsweise festgesetzt. Dann gibt es wohl, infolge der Besonderheit derselben, kein Ungemach mehr!‹ – So nährte er mit diesen Worten die Hoffnung des Fürsten. Darauf befahl der König dem Minister: ›Zur Abendzeit komme mit jener an diesen bestimmten Platz!‹ – Als der Minister den Befehl des Königs mit seinem Haupte empfangen hatte, entfernte er sich.

Nun gib das Mittel an, Prabhāvatī: auf welche Weise umging der Minister (diesen Auftrag)? – Darauf richtete Prabhāvatī auf das Geheiß des Papageis ihr Herz auf das Überlegen (dieser Frage), aber wiederum fand sie es nicht. Darauf fragte sie den Papagei, und dieser sprach: »Prabhāvatī, da ging der Minister in die Nähe der von dem Herrscher früher verlassenen Königin und sprach zu ihr: ›Heute haben wir dem Fürsten in Bezug auf dich Meldung gemacht und Alle zusammen dahin gewirkt, dass im Herzen des Königs (wieder) Liebe zu dir entsteht. Du besitzt einen Bildersaal, den du geschenkt bekommen hast: dorthin musst du heute zur Abendzeit geschmückt gehen.‹ – Nachdem der alte Minister so gesprochen hatte, führte er sie zur Abendzeit in jenen Bildersaal. Dieser Königin gab er eben solche Kleider und denselben Schmuck wie die Sängerin trug, indem er sagte, der König habe die Kleider und Schmucksachen zum Geschenke geschickt. Nachdem er nun dort alles ohne Ausnahme besorgt hatte, was zu tun war, entfernte er sich, der Hochgelehrte. Darauf ging er hin und meldete dem Könige: ›Majestät, was der Erhabene befohlen hat, das ist alles ausgeführt worden. Sie ist in jenen Bildersaal ge-

72 = Indra.

führt worden.‹ – Der König begab sich nun dorthin und drang in sie mit seinen Wünschen, das Herz vom Liebesgotte gepeinigt. Darauf kam der Herr der Erde aus dem Bildersaale heraus, versunken in die Betrachtung über die Vergänglichkeit des Ungestümes der hochgehenden Wogen der Verblendung infolge der Pfeile des Liebesgottes. Darauf sagte er zu dem Minister: ›Rühre mich nicht an! Gehe bei Seite!‹ – Der Minister entgegnete: ›Was soll das bedeuten, Herr?‹ – Darauf sagte der Erdherrscher: ›Ich habe mir ein so schweres Vergehen zuschulden kommen lassen, dass ich als Sühne den Tod erwählen will.‹ – Als der Minister das gehört hatte, entgegnete er: ›Wenn der Erdherrscher eine unbedachte Handlung beginge, so lange ich in seiner Nähe bin, was wäre das dann für ein Minister? Jedes Mittel wirkt gegen Schlangen, wenn es nur untrüglich ist!‹ – Darauf sagte der König zu dem Minister: (›Ich habe mit der Sängerin verbotener Liebe gepflegt!‹) Darauf holte jener eine Lampe und zeigte dem Könige jene Königin. Bei diesem Anblicke stand der Fürst in Freude versunken da und sagte: ›Für dich fürwahr passt der Name Bahubuddhi[73], für keinen Andern!‹

Also, Prabhāvatī, wenn du so ausgezeichnete Klugheit zu ersinnen vermagst, dann gehe an's Werk!«

So lautet die einundfünfzigste Erzählung.

52

Wiederum fragte Prabhāvatī den Vogel; und dieser sprach darauf: »Herrin, wenn du bei der Beseitigung von Verlegenheiten entschlossen bist wie die Vyāghramāriṇī,[74] dann gehe deinem Wunsche nach.« – Der Papagei, von Prabhāvatī wegen der Geschichte von der Vyāghrahantrī[75] befragt, ließ hierauf

73 »Reich an Verstand«.

74 Tigertöterin.

75 Tigertöterin.

Prabhāvatī dieselbe hören: »Prabhāvatī, höre zu! Es gibt einen Ort mit Namen Viśālapura. Dort lebte der König Vicāravīra. Der hatte einen Diener, der hieß Jagandha. Dessen Frau war Kalahapriyā, eine wahre Vyāghrahantrī[76]. Die hatte Tag und Nacht mit ihrem Manne Streit. Wenn ihr Gatte nach Hause kam und sich zum Essen niedersetzte, dann säte sie ohne jede Veranlassung irgend welchen Streit; keinen Augenblick konnte sie still sein. So heißt es denn:

> Wer ein hässliches, schmieriges, zänkisches Weib hat, welches nie um Rede und Gegenrede verlegen ist, der hat das wahre Greisenalter; das (eigentliche) Greisenalter schwindet (im Vergleiche damit).

So sprach er und jagte sie fort; er verstieß sie samt ihren beiden Kindern, indem er dachte: ›Dann habe ich keine Beziehung mehr, welche der Verstoßung widerspricht!‹ – Nach diesen Worten gab er sie preis. Da sie so von ihm verstoßen wurde, nahm sie das eine Kind auf die Hüfte, das andere nahm sie bei der Hand und ging mit den beiden Kindern nach einem anderen Dorfe, nach dem Hause ihrer Mutter. Als sie nun gegen Mittag in einem weiten Walde ihres Weges ging, ward sie müde und setzte sich unter einen Baum. Ein Tiger erblickte sie von weitem und kam herbei, um sie zu verzehren.

Nun, Prabhāvatī, überlege wohl: was für eine List wandte sie bei dieser Gelegenheit an?« – Da begann Prabhāvatī nachzudenken, aber sie wusste diese List nicht zu finden. Darüber ging denn die Nacht hin. Am Morgen drang Prabhāvatī in den Papagei, diese List zu offenbaren, und dieser unternahm es, ihr dieselbe anzugeben: »Höre, Prabhāvatī! Kaum hatte sie den Tiger herbeikommen sehen, als sie ihre beiden Kinder mit einem Korbe schlug. Beide weinten bei den Schlägen. Um ihr Weinen zu beschwichtigen, sprach sie zu den beiden Kindern: ›Ich, die

76 Tigertöterin.

Vyāghrahantrī, will auf irgend eine Weise zwei Tiger töten und euch damit vollständig sättigen. Bis ein zweiter Tiger sich findet, will ich den töten, der da kommt; den teilt euch und verzehrt ihn.‹ – Als sie so gesprochen hatte, setzte sie die beiden Kinder dort auf die Erde und ging daran, den Tiger mit ungeschmälerter Kraft zu zerreißen. Als dieser Feind des Wildes ihre Worte vernommen hatte, nahm er sein Leben fest und entfloh.

Wenn du es auch so verstehst, dann gehe.«

So lautet die zweiundfünfzigste Erzählung.

53

Wiederum begann Prabhāvatī den Papagei zu fragen. Der Papagei sprach: »Herrin, wenn sich bei dir wie bei dieser Vyāghramārī Gewandtheit in der Ersinnung schlauer List findet, dann kannst du gehen.« – Da fragte Prabhāvatī den Papagei, da sie diese Geschichte gern hören wollte, und er sprach: »Höre, Prabhāvatī! Der Tiger floh also. Da sah ihn unterwegs ein Schakal; der sagte zu dem Raubtiere: ›O Tiger, warum befinden sich der Herr auf der Flucht?‹ – Da gab der Tiger keine Antwort. Darauf beseitigte der Schakal durch glatte Reden die Furcht jenes und brachte den Tiger zum Stehen: ›Es verfolgt dich ja nichts! Siehe, wie grundlos die Furcht ist, die dich befallen hat! Sei ohne Furcht; erzähle mir. Was auch immer dir Furchtbares zugestoßen ist, das will ich durch schlaue List abwenden.‹ – Als der Tiger das hörte, gewann er wieder Mut, blieb einen Augenblick stehen und machte jenen mit seinem Abenteuer mit der Vyāghrahantrī bekannt. Der Schakal, der das hörte, ließ darauf seine Worte strömen: ›Geh‹ mir weg! Wer hat dich zum Tiger gemacht? Da muss ich dich für einen Erzdummkopf halten! Sie hat dich bloß erschrecken wollen: seit wann kann denn ein Mensch einen Tiger töten? Deine Furcht ist grundlos! Komm, wir wollen wieder zu ihr gehen!‹ – Darauf antwortete der Tiger: ›Damit du fliehst, während sie mich packt und tötet?‹ – Der Schakal entgegnete: ›Wenn du meinst, ich wolle fliehen, dann binde mich an deinen Hals, damit du so der Besorgnis, ich könnte fliehen, ledig wirst.‹ – Da band der Tiger den Schakal an seinen Hals, und nun sah die Tigertöterin diese Beiden kommen.

Prabhāvatī, überlege und sage an: was für eine List gebrauchte jetzt die Vyāghraturā?« – Nachdem nun Prabhāvatī den Tagesanbruch herangewacht hatte, der dadurch gekennzeichnet war, dass sie keinen klugen Einfall gehabt hatte, fragte sie neugierig den Papagei, da sie das Geheimnis dieser List nicht zu nennen wusste. Dieser sprach: »Höre, Prabhāvatī! Als die Tigerfresserin den Schelm unter den Tieren und den Feind des Wildes kommen sah, sprach sie zu dem Schakal: ›He, Schakal, gestern bist du (von mir) gegangen, nachdem du vor mir den Auftrag noch in weiterem Umfange ausgeführt hattest, als du löblicherweise versprochen hattest. Warum hast du denn aber heute bloß e i n e n Tiger gebracht? Von e i n e m Tiger wird der Bauch nur e i n e s Kindes gefüllt: soll das andere Kind etwa dich verzehren?‹ – Der Tiger hörte diese Worte; sofort wandte er sich zur Flucht.

Wenn du, Prabhāvatī, auch solche schlaue List ersinnen kannst, dann mache dich auf den Weg.«

So lautet die dreiundfünfzigste Erzählung.

54

Wiederum redete Prabhāvatī den Vogel an, und der Papagei sprach: »Wenn du wie dieser Schakal bei Eintritt einer Todesgefahr eine rettende List zu finden vermagst, dann gehe an die Ausführung deines Vorhabens.« – Als Prabhāvatī dies gehört hatte, sprach sie: »Was war das für eine schwierige Lage, aus der sich der Schakal befreite? Du sollst diese Geschichte erzählen!« – Der Vogel, also von Prabhāvatī angeredet, ließ seine Stimme erschallen: »Höre, Herrin! Der Tiger also floh eilig voll

Todesangst. Der Schakal, der an seinem Halse festgebunden war, wurde über den Erdboden fortgeschleift und über gräuliches Dornengestrüpp hingerissen, so dass an seinem Leibe das ganze Fell abgeschunden wurde und seine Pfoten schmerzten. Als er sich in einer solchen Lage befand, war er damit in eine derartige Lage geraten, dass er dachte, seine Lebensgeister würden im nächsten Augenblicke entweichen und klammerte sich noch an den Rest des Lebens.

Nun sage, Prabhāvatī: auf welche Weise befreite sich unter solchen Umständen der Schakal, der am Halse des Tigers festgebunden war?« – Prabhāvatī dachte nun darüber nach, wusste aber nicht, durch welche List der Schakal sich befreite. Darum fragte sie bei Tagesanbruch den Vogel, und der Papagei antwortete: »Da brach der Schakal, der durch den Dornenwald geschleift wurde, in Lachen aus. Da sagte der Tiger: ›Wie kannst du mich jetzt zum Ziele des Lachens nehmen, Schakal?‹ – Der Schakal antwortete: ›Da ich deine Torheit sehe, habe ich lachen müssen.‹ – Darauf entgegnete der Tiger: ›Wie kannst du mich der Torheit beschuldigen?‹ – Der Schakal sprach: ›Wohin du auch immer gehen magst, die Vyāghrahātinī folgt dir und wird dich sicherlich verzehren.‹ – Darauf sprach der Tiger: ›Woher weißt du das?‹ – Der Schakal entgegnete: ›Wenn die Vyāghraghātinī den Weg sieht, der mit meinem Blute bezeichnet ist, wird sie, die die Wege der Wissenden weiß, sicher kommen; und dann wird sie dich ohne Zweifel töten; das lass dir gesagt sein. Wenn du Lust hast, weiter zu leben, dann binde mich von deinem Halse los.‹ – Der Tiger, der diesen Worten des Schakals Glauben schenkte, band auf der Stelle den an seinem Halse befindlichen Schelm unter den Tieren los und eilte auf einem anderen Wege davon.

Wenn nun die Herrin eine solche List zu finden vermag, dann, Prabhāvatī, mache dich auf den Weg.«

So lautet die vierundfünfzigste Erzählung.

55

Wiederum redete Prabhāvatī, die zu ihrem Liebhaber gehen wollte, den Himmelsbewohner an, und dieser sprach: »Herrin, wenn du wie Viṣṇuvardhana den eignen Gegner zu überwinden weißt, dann gehe!« – Darauf entgegnete Prabhāvatī dem Vogel: »Erzähle diese Geschichte!« – Der Papagei sprach: »In einer Stadt mit Namen Kanyākubjā (!) lebte ein Brahmane, ein gewisser Viṣṇuvardhana, der war im Genusse der Liebesfreuden außerordentlich geil und unbändig. In jenem Kanyākubjā (!) vermochte keine mit den Eigenschaften des Liebreizes ausgestattete Liebhaberin seine bäuerische Weise auszuhalten. Auf Grund einer solchen Fähigkeit genoss er eine große Berühmtheit. Nun holte in irgend einer Nacht eine in der Wollust hocherfahrene Hetäre, welche emsig darauf bedacht war, durch große Berühmtheit den Hetären von der gleichen Stellung den Rang streitig zu machen, diesen Mann herbei, der selbst für eine ganze Reihe von Nächten sich verbürgen konnte. Sobald er eingeladen wurde, sprach Viṣṇuvardhana: ›Freundin der Lust, du kannst meine Geilheit nicht ertragen! Wenn du sie nicht ertragen kannst, werde ich mir von dir das Doppelte des für das Verweilen auf eine Nacht ausbedungenen Einsatzes zahlen lassen.‹ – Darauf erklärte sich ihre Kupplerin mit seiner Forderung einverstanden und ließ sich von ihm das Geld geben, welches für das Verweilen auf eine Nacht festgesetzt war. Nun beschäftigte sich jener in der Nacht damit, die Freundin der Lust zu genießen. Darauf ward es der Freundin der Lust im Verlaufe der Nacht angst und bange; sie erhob sich also unter dem Vorwande, ihr Wasser lassen zu wollen, von dem Lager, ging zu der Kupplerin und sprach zu ihr: ›Gib ihm sein Geld zurück! Seine Geilheit äußert sich in beispielloser Weise und droht meinem Leben ein Ende zu machen.‹ – Darauf entgegnete die Kupplerin: ›Stirb, verfluchtes Aas! Gibt man wohl Geld zurück, was man einmal in der Hand hat? Wer würde dann deinen Namen unter der Zahl der käuflichen Frauen wohl noch nennen? Gehe du wieder zu ihm und ergötze ihn nur noch diesen Augenblick gewandt und mit zuvorkommendem Benehmen. Dann will ich auf diesen Baum klettern und oftmals wie ein Hahn krähen. Darauf sage du, es ist Tag geworden und entferne ihn aus deiner Nähe.‹ – Nachdem nun die Freundin der Lust diesen Bescheid erhalten hatte, ging sie zu Viṣṇuvardhana zurück und bediente ihn wieder mit den Leistungen des Liebesgenusses. Darauf kletterte die Kupplerin auf den an der Tür stehenden bilva-Baum[77] und krähte oftmals wie ein Hahn. Als die Freundin der Lust diesen Laut gehört hatte, sprach sie zu ihrem Liebhaber: ›Jetzt ist der Tag angebrochen; gehe also!‹ – Mit diesen Worten ließ die Freundin der Lust ihn gehen.

Nun, Prabhāvatī, überlege auch du und sage an: was tat Viṣṇuvardhana darauf?« – Wiewohl sie darüber nachdachte, fand sie es doch nicht; worauf sie den Papagei fragte. Dieser sprach: »Höre, Prabhāvatī! Als nun Viṣṇuvardhana aus der Tür in den Hof trat und sich umsah, bemerkte er, dass noch tiefe Nacht war. Indem krähte die Kupplerin zum zweiten Male wie ein Hahn: da merkte er diese Geschichte. Darauf warf Viṣṇuvardhana mit handgroßen Steinen nach der auf dem Baume sitzenden Kupplerin und stürzte sie auf die Erde hinab: schreiend fiel sie herunter. Da kam auch die Freundin der Lust an diesen Platz gelaufen und warf sich Viṣṇuvardhana zu Füßen, indem sie um Gnade flehte: ›Nimm dein Geld wieder, aber habe Mitleiden mit uns!‹ – Mit diesen Worten gab sie ihm sein Geld wieder.

Darum, Prabhāvatī, wenn du auch eine so ausgezeichnete List zu finden weißt, dann mach', dass du fortkommst!«

So lautet die fünfundfünfzigste Erzählung.

---

77 Aegle Marmelos (auch: Bengalische Quitte, Anm. d. Redaktion).

56

Wiederum fragte Prabhāvatī den Himmelswandler, worauf dieser sprach: »Herrin, wenn du wie Priyajalpaka verstehst, aus der Verlegenheit zu entkommen, dann lass dir dein wichtiges Vorhaben angelegen sein!« – Darauf sagte Prabhāvatī: »Welcher Art war die Verlegenheit, welche Priyajalpaka beseitigte? Erzähle das doch!« – Also von ihr aufgefordert sagte der Papagei: »Merke auf, Prabhāvatī! Es gibt eine Wallfahrtsstätte namens Āśāpūrā. Der dort befindliche Tempeldiener hieß Priyajalpaka; seine Frau führte den Namen Karkaśā. Diese erregte Tag und Nacht alle Augenblicke neuen Streit und konnte auch nicht eine Sekunde ohne Zank leben. An seiner Tür stand ein pippala-Baum[78], und auf diesem Baume wohnte ein Dämon. Dieser Dämon, dessen Leib von dem ewigen Hadern und Zanken der Karkaśā ergriffen war, gleichsam von einem bösen Dämon gepackt, verließ seine Behausung und entfloh eilends. Darauf stieg er auf einen außerhalb des Dorfes befindlichen salmali-Baum[79] und wohnte dort. Nun entstand nach geraumer Zeit in dem durch das Zanken der Karkaśā eingeschüchterten Herzen des Priyajalpaka Überdruss, weshalb dieser seine Gattin verließ, um auszuwandern. Als er nun auszog, erblickte er am Tore des Ortes jenen Dämon, der auf dem Baume in seinem Hofe gewohnt hatte. Der Dämon erschien dem Priyajalpaka leibhaftig und fragte diesen: ›Du willst auswandern?‹ – Darauf sagte Priyajalpaka: ›Ich fliehe vor meiner Brahmanin.‹ – Weiter sagte Priyajalpaka zu ihm: ›Wer bist du?‹ – Der Dämon antwortete: ›Ich habe auf dem an deiner Haustür stehenden pippala-Baume gewohnt. Dort befindlich ging ich unendlich vollkommener Brahmanen-Dämon nicht von dannen, wiewohl ich selbst von tüchtigen Beschwörern vertrieben werden sollte. Ein Solcher bin ich aus Furcht vor

78 Ficus religiosa (auch: Pappel-Feige; Anm. d. Red.).
79 Salmalia malabarica.

deiner Brahmanin eilig geflohen und wohne nun eben hier. So bin ich dort in Furcht geraten. Jetzt wollen wir zwei Unglücksgenossen zusammen wohnen, und ich will dir irgend einen guten Dienst leisten.‹ – So lautete die Vereinbarung, die sie unter einander trafen. Darauf fuhr der Dämon in den Leib einer Königstochter. Da kamen, um sie zu heilen, viele Fürsten herbei, aber auch nicht einer vermochte den Dämon zu vertreiben. Unter solchen Umständen kam der Brahmane Priyajalpaka dorthin, ging zu dem Könige und sprach: ›Ich will die Prinzessin heilen!‹ – Darauf sagte der König: ›Wenn du meine Tochter von dem Anfalle befreist, dann werde ich dich reich an Geld machen und dich in den Besitz der Hälfte des Reiches setzen.‹ – Da sah der Brahmane die Prinzessin von Angesicht: und in dieser selben Nacht zog er, in einem Viereck befindlich, eine Art Kreis der vierundsechzig Hexen, welcher durch die sechszehn Arten der Aufwartung und durch Lampenreihen ringsum erglänzte, brachte gehörig Verehrung dar durch besondere Speiseopfer; machte den Himmel widerhallen von dem Lärmen des Trommelschlages und begann alle die verschiedenen Juwelen von Sprüchen und Heilmitteln anzuwenden. Als nun der Dämon sein lärmendes Beginnen sah, ward er vom Zorne übermannt und sprach bei sich: ›Der da unternimmt voll Eifer eine Arbeit, die über seine Kräfte geht! Einstweilen will ich zusehen, wie weit seine Fähigkeit reicht.‹ – Nach diesen Worten war der Dämon durch kein noch so kräftiges Mittel zum Ausfahren aus der Prinzessin zu bringen.

Nun sage an, Prabhāvatī: was für eine List wandte da der Brahmane an?« – Prabhāvatī richtete vielfach ihren Geist auf diese Überlegung, aber sie fand es nicht. Darauf fragte sie den Papagei, und nun sprach der Vogel: »He, Prabhāvatī! Darauf flehte dieser Brahmane den Dämon an: ›Du hast mir dein Wort gegeben: das musst du auch getreulich halten!‹ – Während er nun so dastand und diesen Zauberspruch hersagte, fühlte der Brahma-Dämon Erbarmen und sprach: ›Ich will diese Prinzessin verlassen und mich entfernen. Was dir der König dafür alles geben wird, das nimm an und lebe vergnügt; ich will anderswohin gehen und in irgend jemandes Leib fahren. Du aber darfst nicht dorthin kommen. Wenn du jedoch dorthin kommst, dann werde ich dich verschlingen.‹ – Nach diesen Worten fuhr der Dämon aus, worauf die Königstochter wieder gesund wurde. Da entließ der König den Brahmanen Priyajalpaka unter außerordentlichen Ehrenbezeugungen.

Darum, Prabhāvatī, wenn bei dir auch solche Klugheit leuchtet, dann mache dich auf den Weg.«

So lautet die sechsundfünfzigste Erzählung.

57

Wiederum machte Prabhāvatī zur Nachtzeit, da sie in die Behausung des Vinayakandarpa gehen wollte, den Vogel zum Ziele ihrer Worte. Als nun der Vogel das gehört hatte, tauchte er in die Fülle der Rede an sie: »Herrin, wenn du im Stande bist, die Verlegenheit zu überwinden, in welche eben dieser Brahmane Priyajalpaka geriet, dann gehe!« – Darauf sprach Prabhāvatī: »Wie entging dieser der Verlegenheit? Erzähle doch diese Geschichte!« – Er sprach: »Prabhāvatī, jener Priyajalpaka begann nun glücklich zu leben, infolge des Überflusses, wie er sich aus dem von dem Erdherrscher ihm überlassenen Reichtume ergab. Der König gab ihm auch die Hälfte des Reiches. Unter solchen Umständen fuhr der brahma-Dämon in den Leib einer anderen Person, eines Königssohnes. Darauf kamen die Mannen dieses Herrschers, um jenen Beschwörer zu holen. Da sandte der König ihn hin. Er begab sich dorthin und erblickte daselbst jenen Dämon. Darauf sprach dieser: ›Ha, Priyajalpaka, warum bist du wiederum hier hergekommen, wiewohl ich es dir verboten habe? Jetzt werde ich dich zuerst verschlingen!‹

Nun, Prabhāvatī, magst du es sagen: durch welche Antwort befreite er sich aus den Händen des Dämonen?« – Darauf begann sie zu überlegen, aber sie fand die Antwort nicht. Nun forderte sie den Papagei auf, worauf der Vogel sprach: »Herrin, darauf trat jener Priyajalpaka auf den im Leibe (des Prinzen) sitzenden Dämon zu und begann mit gefalteten Händen ihm mitzuteilen: ›Herr, Gebieter, warum bist du unwillig? Ich bin aus einem besonderen Grunde hier hergekommen. Meine Gattin Karkaśā nämlich hat gehört, dass ich mich hier aufhalte; sie hat ihr Haus verlassen und ist hierher in meine Nähe gekommen. Da ich dich nun als meinen Freund kenne, bin ich gekommen, dich zu fragen, was für einen Weg der Klugheit ich da einschlagen soll. Daher also sollst du mir den klugen Rat geben, den ich befolgen muss.‹ Als der Dämon das gehört hatte, sprach er: ›Handele du so, wie es deinem Gutdünken entspricht. Ich aber werde von dieser Stätte fliehen und mich in eine andere Gegend begeben.‹ – Damit verließ er den Königssohn; der Fürst aber ehrte jenen Beschwörer nach Gebühr.

Darum, Prabhāvatī, wenn du ebenfalls im Stande bist, einer solchen Verlegenheit durch ein schlaues Mittel zu entrinnen, dann gehe.«

So lautet die siebenundfünfzigste Erzählung.

58

Wiederum fragte Prabhāvatī den Papagei; und dieser sprach: »Herrin, wenn du wie der Minister Śakalāṭa Gewandtheit des Verstandes in zufriedenstellender Weise zeigst, dann magst du den Wunsch zu gehen hegen.« – Darauf sagte Prabhāvatī: »Wie war Śakalāṭa beschaffen? Und wieso ist er als an der Spitze der Verständigen stehend zu preisen? Diese Geschichte magst du erzählen, du, dessen Leib nicht wenig geschmückt ist und dessen Geist von Einsicht durchdrungen wird!« – Darauf erzählte der Papagei: »Höre du, deren Augen bis zu den Ohren reichen. Jener Śakalāṭa war der Minister des Erdherrschers Nanda; er war aber unter den Verständigen der Allervorderste. Der Fürst eines anderen Landes, der von dessen derartiger Berühmtheit gehört hatte, schickte, um das auf wahr oder unwahr zu prüfen, ein Paar Stuten, wie man sie so ähnlich nach Gestalt, Farbe, Art und Aussehen nicht wieder fand, indem auch nirgends ein Körperteil anders war, mit folgenden Worten, nachdem er sie selbst ausgesucht hatte: ›Nachdem Ihr entschieden habt, welches von diesen beiden das alte und welches das junge Tier ist, mögt Ihr es uns mitteilen!‹ – Als sie nun angekommen waren, begannen alle, die sie erblickt hatten und sich Erfahrung in der Untersuchung zusprachen, indem sie riefen: ›Ich! Ich!‹ sich herumzustellen und zu prüfen; aber niemand wusste es zu entscheiden. Da sprach der König zu seinem Minister mit Namen Śakalāṭa: ›Die Entscheidung hierüber magst du treffen; sonst, wenn wir das nicht finden, wird uns daraus große Verlegenheit erwachsen.‹

Nun, Prabhāvatī, denke auch du darüber nach und sage an: welche List wandte da jener Śakalāṭa an, nachdem er den Befehl des Männerfürsten Nanda mit seinem Haupte empfangen hatte?« – Da verwandte Prabhāvatī, von dem Papagei angetrieben, ihre Gewandtheit gehörig auf diese Überlegung, aber trotzdem war sie nicht im Stande, zu entscheiden. Da fragte sie wiederum den Papagei; und dieser begann das zu erzählen: »Prabhāvatī, richte deine Aufmerksamkeit auf meine Worte! Da versah jener Śakalāṭa jene beiden Stuten mit einem Sattel und ließ sie eine gewaltige Arbeit leisten in Gestalt von Galoppmachen u. s. w. Dann nahm er die beiden Sättel ab, entfernte den Zaum und die übrigen Bande und warf auf die zerstampfte Erde frisches Gras zum Fressen. Da begann das alte Tier das junge mit der Zunge zu lecken, und das Junge schickte sich an, die Milch der Alten zu saugen. So entschied das Stirnjuwel der Minister.

Darum, Prabhāvatī, wenn auch du eine solche Entscheidung zu treffen weißt, dann verwende deine Mühe auf deinen Gang.«

So lautet die achtundfünfzigste Erzählung.

59

Wiederum fragte Prabhāvatī den Papagei, und dieser sprach: »Wenn du wie Dharmabuddhi im Stande bist, in der (Anwendung von) List das Richtige zu treffen, dann gehe an die Erfüllung deines Wunsches.« – Darauf fragte Prabhāvatī den Papagei nach der Geschichte mit Dharmabuddhi; und der Luftwandler sprach das Wort: »Es gibt eine Stadt namens Kanakapurī; dort wohnten zwei Kaufleute mit Namen Dharmabuddhi und Duṣṭabuddhi. Diese Beiden zogen zu ein und derselben Unternehmung aus, um zusammen zu gleichen Teilen Geld zu erwerben. Als sie nun darauf welches erworben hatten und nach ihrer Heimat zurückkehrten, sprach einer von ihnen, Duṣṭabuddhi, zu Dharmabuddhi: ›Warum sollen wir das ganze Geld nach Hause in das Dorf tragen? Wir wollen die Hälfte des beiderseitigen Geldes in gleiche Teile einteilen und zurücklassen, die andere Hälfte aber mit in das Dorf nehmen!‹ – Nach diesen Worten legten sie die Hälfte des Geldes dort in der Nähe eines Bōdhi-Waldriesen[80] nieder. Am anderen Tage darauf ging Bösgesinnt dorthin und nahm jenes Geld weg. Dann, nachdem er das Geld gestohlen hatte, sprach er am folgenden Tage zu Dharmabuddhi: ›Lass uns hingehen und das dort niedergelegte Geld wegholen!‹ – Da gingen sie beide zusammen aus und suchten das Geld, nachdem sie an jene Stelle gelangt waren. Als man dort das Geld nicht fand, sagte Duṣṭabuddhi zu Dharmabuddhi: ›Du hast das Geld gestohlen! Du hast das Geld gestohlen!‹ – So begannen sie sich zu strei-

80 Ficus religiosa.

ten und gingen hin, es dem Könige anzuzeigen: da sprach Duṣṭabuddhi zu dem Könige: ›Majestät, Dharmabuddhi hier besitzt bloß durch seinen Namen den Ruhm der Trefflichkeit! Er hat meinen Kindern das Brot genommen!‹ – Der König: ›Wer ist Zeuge?‹ – Duṣṭabuddhi: ›Für diese Frage ist der in dem Walde stehende Feigenbaum Zeuge. Den werde ich zum Sprechen bringen und dadurch bei Allen Glauben erwecken.‹ – Dies sein Wort ließen Alle gegen Dharmabuddhi gelten. Darauf ging Duṣṭabuddhi in seine Wohnung, verabredete sich mit seinem Vater, steckte ihn in die Höhlung in dem Feigenbaume und traf mit ihm eine Verabredung. Dann, als die Morgenstunde gekommen war, zog alle Welt, der König an der Spitze, aus, um die Geschichte mit anzusehen. So gingen Kläger und Angeklagter, diese Beiden, zusammen dorthin. Nun sprach Duṣṭabuddhi: ›Du Feigenbaum, der du an Hoheit dem höchsten Herrscher, dem hochheiligen, mächtigen Viṣṇu gleichst, rede, Herr, der Wahrheit entsprechend, so wie es sich verhält! Wer hat das vor dir niedergelegte Geld weggenommen?‹ – Da erschallte aus der Höhlung in dem Feigenbaume die artikulierte Stimme: ›Das Geld hat Dharmabuddhi weggenommen!‹ – Als man das vernommen hatte, standen Alle mit vor Staunen erstarrten Sinnen da; Dharmabuddhi aber ward nach der Stätte der Bestrafung gebracht.

Nun, Prabhāvatī, sage an: was für eine List gebrauchte Dharmabuddhi, um sich selbst als ehrlich hinzustellen?« – Da begann auf sein Wort hin Prabhāvatī das zu überlegen, aber sie wusste es nicht. Darauf fragte sie den Papagei, und dieser sprach: »Höre zu, Prabhāvatī! Darauf überlegte Dharmabuddhi: Der Waldriese kann doch keine Unwahrheit sagen? Nein, jener hat in die Höhlung in dem Feigenbaume irgend einen Menschen gesteckt, und der Laut, der aus dessen Worten entsteht, erweckt Glauben.‹ – Nachdem er so gebührend den Zweifelfall geprüft hatte, meldete er dem Könige: ›Majestät, warte nur einen Augenblick! Ich habe das Geld in die Höhlung in diesem Feigenbaume gelegt: darum schicke der Herr einen seiner zuverlässigen Leute in das Innere der Höhlung des pippala-Baumes und lasse das Geld holen.‹ – Nach dieser Mitteilung ließ er einen Mann dorthinein gehen: als dieser nun dort eingetreten war, erblickte er den Vater des Duṣṭabuddhi. Als er das gesehen hatte, kam er aus der Höhlung heraus und sagte: ›Ich weiß nicht, wer darin sitzt; ein Mann befindet sich darin.‹ – Da zog der König den in der Höhlung befindlichen (Vater des Duṣṭabuddhi) mit Gewalt heraus; er schmähte den Duṣṭabuddhi und ehrte Dharmabuddhi.

Darum, Herrin, wenn du eine so hervorragende List zu gebrauchen weißt, dann handele nach der Weise deines Sinnes.«

So lautet die neunundfünfzigste Erzählung.

60

Am nächsten Tage, als die Nacht hereinbrach, fragte die Tochter des Kumudakōśa den Vogel in der Absicht, in das Haus des Vinayakandarpa zu gehen. Darauf sprach der Vogel: »Herrin, wenn du Scharfsinn zeigst wie Jayaśrī, dann magst du gehen.« – Sie fragte nach der Geschichte mit Jayaśrī, und der Papagei sprach: »In der Stadt Maṅgalavardhana lebte ein König namens Dhanadatta. Seines Ministers Tochter war Jayaśrī mit Namen. Eines Tages kamen vor den König von auswärts vier streitende Männer. Der Männerfürst fragte sie: ›Was ist die Veranlassung zu eurem Streite?‹ – ›Wir gingen in die Fremde, bekamen vier Perlen und legten diese an eine Stelle; was aus ihnen dann in der Nacht darauf geworden ist, wissen wir nicht. Wer von uns Vieren hat sie gestohlen?‹ – Als er das gehört hatte, sprach er: ›Minister, wer unter diesen vier Männern hat die Perlen gestohlen? Wenn du sie reiflich geprüft hast, sage es!‹ – Als der König so gesprochen hatte, ließ der Minister die Vier in sein Haus kommen und ihnen ein Mahl und eine Lagerstätte geben. So setzten sich die Vier also mit dem Minister nieder. Darauf fragte Jayaśrī, des Ministers Tochter, nach ihrem Streite: ›Wer sind diese? Aus welcher Gegend und aus welchem besonderen Grunde sind sie hier hergekommen?‹ – Der Minister ließ sie den ganzen Grund ihres Kommens wissen. Als Jayaśrī das gehört hatte, sprach sie: ›Ich will den Dieb jener vier Perlen ausfindig machen!‹

Nun, Prabhāvatī, vermittelst welcher List bewerkstelligte sie die schwierige Auffindung der Perlen?« – Obgleich sie überlegte, fand sie es nicht. Da wandte sie sich an den Papagei, und dieser sprach: »Darauf hielten die Vier ihre Nachtmahlzeit; und dann schickte er dieselben in das Schlafzimmer, jeden einzeln. In der Nacht schmückte sich Jayaśrī, kam zu dem einen von ihnen und sprach: ›Seit ich dich gesehen habe, hat mein Herz all seine Festigkeit verloren, da es durch Smara's[81] Pfeil verwundet ist. Wenn ich dich nicht habe, kann nichts mich erfreuen. Wenn du mir fünfhundert Goldstücke gibst, will ich die Pflicht deiner Hausehre erfüllen.‹ – Er antwortete: ›Ich habe jetzt kein Geld in den Händen; ich will etwas erwerben und es dir dann geben.‹ – Als sie dies gehört hatte, verließ sie ihn und kam zu dem Zweiten, den sie ebenso anredete; und er antwortete: ›Ich habe nichts!‹ – Als sie dann zu dem Dritten gekommen war, fragte sie ihn auf dieselbe Weise; und als sie die Worte ›Jetzt besitze ich nichts‹ vernommen hatte, blickte sie den Vierten mit einem Blicke an, der ihm all seine Festigkeit raubte, und redete ihn ebenso an. Da antwortete er: ›Ich will dir eine wertvolle Ware im Werte von fünfhundert Goldstücken einhändigen!‹ – Damit gab er ihr die vier Perlen in die Hand. Als sie nun diese vier Perlen genommen hatte, sprach sie zu ihm: ›Heute ist ein Tag mit ungünstiger Konstellation; aber morgen ist ein günstiger Tag; da wollen wir irgendwo mit-

81 Bezeichnung des Liebesgottes.

einander der Liebe pflegen.‹ Nachdem sie ihn so angeredet hatte, ging sie in ihre Behausung und gab die Perlen ihrem Vater in die Hand; der Minister aber nahm die vier Perlen und brachte sie seinem Herrn; der König gab sie ihnen.

Darum, Prabhāvatī, richte deine Aufmerksamkeit auf die Ausführung deines Vorhabens, wenn du solch eine List ersinnen kannst.«

So lautet die sechszigste Erzählung.

61

Wiederum fragte Prabhāvatī den Papagei; darauf sagte dieser »Wenn du wie der Brahmane Bhūdhara Entschlossenheit bei dem Entrinnen aus gefährlicher Lage zeigst, dann möge die Herrin gehen.« – Sie sprach: »Erzähle die Geschichte von Bhūdhara!« – Da erzählte der Papagei: »Herrin, in der Stadt Camatkāra wohnte ein Brahmane mit Namen Bhūdhara, der war lahm. Bei einer Gelegenheit nun zog er mit allen übrigen Brahmanen zu Wagen aus, um eine Gottheit zu schauen. Als sie dahinzogen, erschienen unterwegs Räuber. Sobald die Freunde alle diese Räuber erblickt hatten, flohen sie; jener aber, der die Fähigkeit zu fliehen nicht besaß, da er schlecht zu Fuß war, blieb so stehen.

Nun sage an, Prabhāvatī: welche List gebrauchte da jener Bhūdhara, um sich von den Räubern zu befreien?« – Wiewohl darauf Prabhāvatī überlegte, wusste sie es doch nicht; deshalb fragte sie den Papagei, der in dem Käfig steckte. Da sprach der Papagei: »Höre zu, Prabhāvatī! Als Bhūdhara sah, dass alle seine Angehörigen eiligst flohen und die Räuber heranrückten, begann er für sich zu sprechen, indem er die Enteilenden wieder zurückrief: ›He, ihr da, warum ergreift ihr die Flucht? Da sind ja keine achtzig, hundert wohlgezählte Wegelagerer hinten: was enteilt ihr aus Furcht vor diesen vier, fünf, sechs? Denen da bin ich allein ja gewachsen: ist doch mein Ehrenname

Hunderttöter weltbekannt!‹ – Als die Räuber diese Worte gehört hatten, standen sie eine Weile still, ließen von ihm ab und entfernten sich, wie sie gekommen waren.

Darum, Prabhāvatī, wenn du solche mächtige Klugheit zu gebrauchen weißt, dann gehe an's Werk!«

So lautet die einundsechszigste Erzählung.

62

Wiederum begann Prabhāvatī den Papagei zu fragen; und dieser sagte zu ihr: »Wenn du wie Bhukkuṇḍa verstehst, den bevorstehenden Tod abzuwenden, dann mache dich an jenes Werk.« – Darauf fragte Prabhāvatī: »Wer war denn dieser Bhukkuṇḍa? Wie entging er dem Tode? Diese Geschichte magst du erzählen!« – Der Papagei sagte zu Prabhāvatī: »Höre, Prabhāvatī! Es gibt eine Stadt namens Sarvatōbhadra. Dort lebte ein Spieler mit Namen Bhukkuṇḍa, der war fortwährend mit Spielen beschäftigt. Eines Tages wurde er bei dem Spiele von seinen Gegnern besiegt. Da er nun nichts hatte, um ihnen den verabredeten Einsatz auszuzahlen, unternahm er einen Diebstahl. Bei der Ausführung desselben wurde er von den Nachtwächtern gefasst. Diese führten ihn vor das Angesicht des Königs, welcher die Soldaten zur Hinrichtung kommandierte: ›Geht hin, nehmt diesen und legt ihn auf den Pfahl!‹ –

Nun, Prabhāvatī, magst du sagen: auf welche Weise wendete er den ihm drohenden Tod ab?« – Darauf überlegte Prabhāvatī zwar, aber sie fand es nicht. Nun fragte sie den Papagei, und dieser sprach: »Höre zu, Prabhāvatī! Darauf sagte der Dieb zu jenen: ›Der König schickt sich an, mich zu vernichten. Freilich müssen ja gerade die Könige auf diese ihre angeborene tugendhafte Sitte bedacht sein und die Bösen bestrafen. Damit tut der Herrscher einen wahren Platzregen des Guten und vollbringt damit eine verdienstliche Tat, die ihm hier wie dort angerechnet wird. Darum also hat er über mich

Strafe verhängt: daran hat er vollständig recht getan. Aber ich habe noch eine Bemerkung zu machen; ich will einen Vers hersagen; den möge man aufmerksam anhören:

Bhaṭṭa ist dahin, und auch Bhāravi ist dahin; Bhikṣu ist dahin, und Bhīmasēna ist dahin. Ich bin Bhukkuṇḍa, und du, König, bist Bhūpati: in die Reihe des Bh[82] ist der Tod eingedrungen!‹

Der König sprach: ›Nenne den Sinn dieser Strophe!‹ – Darauf antwortete der Dieb: ›Diese Strophe steht im Bhaviṣyōttarapurāṇa; ihr Sinn ist folgender. Der Anfangslaut jener Namen ist Bh; in dieselben ist der Reihe nach der Tod eingedrungen. Den Bhaṭṭācārya hat das Schicksal hingerafft; ferner hat das Schicksal auch den Bhāravi verschlungen; ferner den Bhikṣu und ebenso Bhīmasēna hat das Schicksal hinweggerafft. Diese Vier hat also das Schicksal entrissen. Bhukkuṇḍa ist mein Name, Bhūpati ist dein Name; wenn ich getötet bin, bist du allein noch übrig; aber so lange ich vor dir stehe, so lange gibt es (für dich) keine Furcht vor dem Tode. Wie du es verstehst, so mache die Anwendung!‹ – Als der Fürst ihn gehört hatte, dachte er im Herzen: ›Es ist wirklich so!‹ und ließ den Räuber frei.

Darum, Prabhāvatī, wenn du eine so hervorragende List weißt, dann vollbringe dein Vorhaben.«

So lautet die zweiundsechszigste Erzählung.

63

Wiederum drängte Prabhāvatī zur Nachtzeit den Vogel, um in die Nähe des Vinayakandarpa gehen zu können. Darauf sagte der Papagei: »Herrin, wenn du bei dem Eintritt einer schwierigen Lage im Stande bist, eine Antwort zu geben wie Dēvaśarman, dann gehe!« – Darauf entgegnete Prabhāvatī:

82 Im Alphabete des Sanskrit folgen auf einander die Laute a, ā, i, ī, u, ū.

»Wie überwand Dēvaśarman glücklich eine Verlegenheit durch Aussinnen einer hervorragenden Antwort? Erzähle das!« – So von ihr angegangen erzählte der Papagei: »Prabhāvatī, in der Stadt Ēlā führte ein König mit der Benennung Ēla die Herrschaft. Er hatte einen ausgezeichneten Minister über Krieg und Frieden, dessen Sohn war Dēvaśarman. Als sein Vater gestorben war, beeiferte er sich, nach Gutdünken und ganz zügellos zu leben, ohne auf seine Rangordnung Rücksicht zu nehmen; er hörte auch nicht auf das Wort irgend welcher älterer Leute. Da verachtete ihn der Erdherrscher Ēla, und der König ließ ihm gar nichts mehr zukommen. So geriet er in außerordentliche Bedrängnis, und seine Familie kam durch die Wucherer herunter. Da meldete der Minister dem Könige: ›Majestät, jener Dēvaśarman ist doch nun einmal der Minister von dir Hochehrwürdigem: musst du dich nicht um ihn kümmern? Beauftrage ihn mit irgend einer besonders wichtigen Sache; wenn er diesen Auftrag gut ausgeführt hat, dann nimm ihn öffentlich wieder in Gnaden auf und gewähre ihm Lebensunterhalt.‹ – Da gab der Männerfürst auf das Wort des Ministers hin jenem einen Auftrag, damit er sich selbst seinen Vorteil erringen sollte: vor seinen Augen nahm er zwei Schalen, füllte sie mit Asche, drückte das königliche Siegel darauf, ließ Dēvaśarman kommen und sprach: ›Gehe in die Nähe des Erdengebieters Śatrusūdana; sage zu ihm, der König Ēla schickte ihm den jährlichen Tribut und gib ihm diese beiden Schalen!‹ – Mit diesen Worten händigte er dem Dēvaśarman jene beiden Schalen ein: ›Mit jenem Könige ist ein in hohem Grade freundliches Verhältnis erwachsen: danach musst du handeln!‹ – Nach diesen Worten entließ der Erdherrscher Ēla den Dēvaśarman. Da ging dieser nun auf dessen Befehl zu dem Fürsten Śatrusūdana, legte vor ihm die beiden Schalen nieder und meldete ihm: ›Hier schickt dir der Erdherrscher Ēla den jährlichen Tribut!‹ – Als nun Śatrusūdana nach diesen Worten das Siegel löste, die beiden Schalen besah und bemerkte, dass ihr Inneres mit Asche gefüllt war, geriet der Erdenfürst in Zorn und wollte dem Gesandten den Kopf abschlagen lassen.

Nun sage an, Prabhāvatī: was für einen Ausweg benutzte da Dēvaśarman in dieser also beschaffenen Lage?« – Als Prabhāvatī das gehört hatte, fand sie es nicht, wiewohl sie Gewandtheit im Überlegen besaß; sie forderte also den Papagei auf, als die Nacht vorübergegangen war, und der Papagei sprach darauf: »Da sagte Dēvaśarman: ›Majestät, unser Erdenbeschützer hat ein Opfer veranstaltet und die von der Feuerstätte stammende Asche für dich geschickt. Wo diese Asche sich befindet, da ergibt sich ein glückseliger Zustand und Gedeihen der Herrschaft zugleich; die Quälereien durch Dämonen hören auf, die Feinde werden zu Freunden, und die Lebensdauer wird verlängert. So bedeutende Vorzüge besitzt diese Asche! Da das der Erdenbesitzer von Ēlā erwog, hat er sie für euch geschickt.‹ – Als Śatrusūdana diese Rede des Gesandten vernommen hatte, freute er sich aufrichtig, pries die Asche und streute sie der Königin und den Kindern (?) auf das Haupt; dem Dēvaśarman aber erwies der König die gebührenden Ehren.

Darum sprich, Prabhāvatī, ob du auch eine solche Antwort zu geben weißt: dann erfülle deinen Wunsch!«

So lautet die dreiundsechszigste Erzählung.

64

Wiederum redete Prabhāvatī den Luftwandler an, und der Papagei sprach: »Herrin, wenn du wie Sumati eine List weißt, um eine Verlegenheit zu überwinden, dann werde der Liebesbesuch unternommen!« – Von Prabhāvatī nach dieser Geschichte gefragt erzählte der Papagei: »Höre zu, Herrin! In einem Dorfe mit Namen Maṅgalapura wohnte ein Kaufmann namens Sumati; der war in Geschäften irgendwohin in eine gewisse Gegend gegangen, um Geld zu erwerben. Nachdem er dort ungeheure Reichtümer erworben hatte, sah er, indem er mit dem Gelde zurückkehrte, mitten auf dem Wege Räuber.

Nun sage an, Prabhāvatī: welcher Art war die besondere List, die er da zur Geltung brachte?« – Darauf überlegte Prabhāvatī, aber sie wusste es nicht. Am Morgen danach fragte sie den Papagei, und dieser sprach: »Herrin, zeige deine Aufmerksamkeit, indem du zuhörst! Als jener die Räuber erblickt hatte, trat er in einen in der Nähe befindlichen Tempel des Gaṇēśa, stellte sich vor dem Standbilde desselben auf, öffnete den Geldkorb, nahm das darin befindliche Geld heraus und legte es in Reihen nieder, deren er eine Fünfzahl machte. Dann ergriff er einen Knöchel[83] und redete den Oberherrn der Schaaren folgendermaßen an: ›Du Gott, König der Hindernisse, nimm dies dein Geld an! Soviel Geld gehört dir wegen deiner Berühmtheit; so großen Gewinn hast du gehabt! Während ich so umherziehe und in deinen Diensten stehe, sind vier Jahre vergangen; ich, als dein Geschäftsführer, habe in dem Dienste wahr und unwahr kennen gelernt. Mein Dienst ist dir geweiht!‹ – Derartige Reden vernahmen die Räuber; da sprachen sie untereinander: ›Dieser Kaufmann führt die Aufträge des Gottes aus. Wenn wir den (nur) ansehen, wird uns der Gott irgend ein derartiges Hindernis bereiten, dass wir darüber alle zu Grunde gehen werden.‹ – Mit diesen Worten ließen sie von dem Kaufmanne ab.

Wenn du, Prabhāvatī, in der Ausführurg einer derartigen List erfahren bist, dann erfülle deinen Wunsch!«

So lautet die vierundsechszigste Erzählung.

* * *

83 Ein Otterköpfchen?

68

* * * Auf diesem Feigenbaume wohnten Eulen. Einstmals zogen sie nach allen Seiten nachts aus, um ihr Frühmahl abzuhalten. Unter ihnen verlor eine Eule bei dem Umherfliegen die Richtung und flog auf einen Feigenbaum. Da ward es nun dort Tag, und die Sonne stieg auf den Berg des Aufganges, so dass jene Tagblinde da mit den Augen die Gegenstände nicht erkennen konnte. Nun wohnten auf dem Feigenbaume Krähen: von diesen ward die Eule überwältigt und so zugerichtet, dass sie kaum das Leben rettete. Als sie sie dann für tot hielten, ließen sie von der Eule ab. Darauf begab sich diese ganz langsam in ihre Behausung und sagte zu dem Könige der Eulen: »Während Ihr alle noch da waret, haben mich die Krähen vereint geschmäht! Wenn Ihr also an ihnen zur Vergeltung um meinetwillen ein Mittel zur Vertreibung anwenden könnt, dann werde es getan!« – Da zogen alle ihre Stammesgenossen und Gesippten, als sie ihre Worte vernommen hatten, aus, um die Krähen zu töten. Sie kamen an jenen Baum, umringten ihn und töteten alle Krähen, die dort wohnten; dann rückten die Eulen alle ab und kehrten nach ihrem Sitze zurück. Unter ihnen kam auch noch eine Krähe geflogen, die hatte sich irgendwo unter dichten Blättern versteckt und war so ganz allein verborgen geblieben, während die anderen Krähen alle vernichtet wurden. Nachdem sie den Angriff jener bemerkt und dann das überaus traurige Geschick der von Huldigungsgaben Genährten im Herzen mit durchgemacht hatte, überlegte sie hin und her, als sie wieder einigen Mut gefasst hatte, was für eine besondere Tat da nun vollbracht werden könnte: »Diese unsere Feinde sind in der Überzahl; und welche Fülle von Klugheit gehört dazu, um die Feindseligkeit alter Feinde bekämpfen zu können!« – Nach diesen Worten begab sie sich an die Seite jener Nachtseher. Als sie dorthin gekommen war, flog sie vor ihnen herab. Da sprachen sie: »Wer bist du?« – Sie antwortete:

»Ich habe als euer niedrigster Sklave bei euch Zuflucht gesucht. Indem ich im Herzen an eure Füße dachte, bin ich hier hergekommen. Die eure bösen Feinde waren, die habt ihr alle vernichtet. Jetzt will ich, ganz allein (noch übrig), an eurer Tür stehen und euch Dienste leisten. Wollt ihr mich töten, so tötet mich; wollt ihr mich schützen, so schützet mich!« – Als sie dies ihr Wort vernommen hatten, sagten Einige: »Das ist unser außerordentlich gefährlicher Feind! …«

(Andere) sagten: »Diese kann kaum gehen: was soll uns also diese elende Krähe anhaben können?« – So blieb die auf Hinterlist sinnende Krähe auf das Wort dieser anders Denkenden hin dort. Als sie nun dort weilte, sprach sie zu jenen: »Ich muss euch irgend einen Dienst erweisen! Ich will für euch ein recht schönes Lager bereiten.« – Mit diesen Worten füllte sie die ganze Höhle jenes Baumes mit weicher Wolle vom Wollbaume an; nachts aber stand sie selbst an dem Eingange. So brachte sie auch eine gehörige Menge von Gras u. s. w. zusammen. Eines Tages nun, als sie einen brennenden Scheiterhaufen erblickt hatte, holte sie einen Feuerbrand von dort und warf ihn in den Eingang zu der Höhle: da ward die in der Höhle befindliche Wolle, das Gras u. s. w. ein Raub des Feuers, und so verbrannte sie alle Tagblinden. Auf diese Weise brachte sie ihre alte Feindschaft zum Austrage.

Darum, Sōmadatta, wird es mit mir ebenso geschehen! Mit wem man eine alte Feindschaft hat, dem darf man nicht trauen!«

So lautet die achtundsechszigste Erzählung.

69

Wiederum begann Prabhāvatī den Vogel zu fragen; und der Papagei sprach: »Herrin, da fand die von (dem Papagei) Dhūrtacakōra vorgetragene Erzählung keine Stätte in dem Herzen des Sōmadatta. Dieser brachte vielmehr jenen Dhūrtacakōra in die Nähe der Kāmasēnā und händigte derselben seinen Käfig ein. Sie erzählte nun die Geschichte ihrer Kupplerin, der Dēvasēnā. Als diese das gehört hatte, sprach sie: ›Jetzt ist der Schweiß meines Stirnabhanges abgewischt worden!‹ – Darauf ging die Kupplerin am Morgen nach dem Hause des Königs, nachdem sie in ihrer Gegenwart befohlen hatte: ›Dieser Papagei ist zu töten und sein wohlschmeckendes Fleisch zu kochen!‹ – Nachdem sie ihr diesen Befehl erteilt hatte, entfernte sie sich. Darauf ergriff eine Dienerin den Papagei und begann, ihm die Federn auszurupfen.

Nun sage an, Prabhāvatī: auf welche Weise schützte der Papagei sich selbst?« – Wiewohl nun Prabhāvatī das gehörig überlegte, wusste sie es doch nicht. Darauf fuhr der Papagei, von ihr befragt, fort: »Höre, Prabhāvatī! Die Sklavin also ergriff ihn, um ihn zu töten, als der Papagei die Sklavin anredete: ›Du bist außerordentlich brav! Deine Handlungen werden von der Moral bestimmt! Deine Hände zeigen keinen Eifer, lebende Wesen zu töten! Nun weiß ich etwas, was noch kommen soll: das will ich dir, als dir heilsam, mitteilen; dann magst du mich töten.‹ – Darauf entgegnete die Sklavin: ›So sage du es!‹ – Der Vogel antwortete: ›Du wirst inmitten dieses Fleisches ganz gewaltiges Glück finden; ich werde dir ein Mittel nennen, dass du schön wirst; dann will ich mich in deine Gewalt begeben. Hole ein Stück Basilienkraut und kuśa-Halme, breite das kuśa-Gras auf dem mit Kuhmist bestrichenen Erdboden aus, nimm das Stück Basilienkraut, setze dich nieder und gedenke an einen gewissen Zauberspruch: so will ich jenes Mittel hervorbringen; auch meine ganze Lebensdauer will ich dir überlassen. So komme geläutert zurück!‹ – Als der Papagei so gesprochen hatte, tat die Sklavin aus Neugierde, zu sehen, wie er das Heilmittel hervorzaubern würde, alles, wie er gesagt hatte. Sobald er aber gesehen hatte, dass sich die Sklavin entfernt hatte, um das Basilienkraut u. s. w. zu holen, ging er ganz langsam hin und entwich durch den Abzugskanal des Badehauses, indem er rief: ›Die Katze hat ihn geholt! Die Katze hat ihn geholt!‹ – Indem er wiederholt dieses Wort ausstieß, begab er sich in eine Baumhöhle. Als die Sklavin diese Worte hörte, kam sie eiligen Schrittes herbei, sah aber den Papagei nicht; und da sie ihn auch nicht finden konnte, wiewohl sie ihre Blicke überall hin wendete, tötete sie aus Furcht, da der Papagei nicht mehr da war, einen (andern) Vogel, ein Rebhuhn und kochte es zu einer Mahlzeit für jene (Kāmasēnā).

Darum, Prabhāvatī, wenn du entschlossen bist, auch eine solche machtvolle Klugheit zu gebrauchen, dann führe dein Vorhaben aus!«

So lautet die neunundsechszigste Erzählung.

70

Wiederum richtete Prabhāvatī ihre Frage an den Vogel; und der Papagei sprach: »Herrin, wenn deine Klugheit wie die jenes Papageis Dhūrtacakōra im Stande ist, eine dir drohende Gefahr zu beseitigen, dann magst du hingehen.« – Darauf sagte Prabhāvatī: »Erzähle du diese Geschichte!« – Da berichtete ihr der Baumbewohner: »Der Papagei, dessen Schwanz etwas ausgerissen war, flog nun auf und davon. Am Montage pflegte aber die mondgesichtige Kāmasenā dort in dem Tempel des Monddiademträgers[84] zu tanzen. Daher begab sich der Papagei vorher dorthin und weilte versteckt an der Stätte des Phallus, in der Höhle eines bilva-Baumes[85], dessen Blätter mit den Händen[86] zu sammeln waren (?). Als nun das Ende des Tanzes der Kāmasēnā vollkommen geworden war, erscholl mitten aus dem Baume, welcher die Majestät des Phallus von Śiva verkörperte, eine Stimme: ›Kāmasēnā, seit du in meinen Dienst ge-

84 Der Gott Siva.

85 Aegle Marmelos.

86 Der Gläubigen?

treten bist, sind viele Tage vergangen! Ich bin dir gnädig gesinnt wegen der Vergegenwärtigung des Übermaßes deiner Liebe zu mir. Am kommenden Montage, zur Zeit der ersten Wache, wirst du einen wunschgewährenden Himmelswagen besteigen und auf dem Kāilāsa-Gebirge in meine Nähe kommen, vor den Augen aller Welt. So entfliehen weit weg, infolge der Verehrung, die Folgen der Fülle endloser Not mangelnder Andacht in einer früheren Geburt. So gib nun dein ganzes, wie ein Blitz unbeständiges Vermögen, welches du angehäuft hast, in die Hand Bedürftiger; darauf mögt ihr Beide den Hauptbestandteil jeglicher Sühne, das Scheren des Hauptes, vornehmen, auf des Gottes, meines Tempels Zinne steigen und dort verweilen. Nachdem du dort unter Vornahme von Tanz, Gesang u. s. w. die ersten vier ghaṭī[87] lang geweilt und deinen Sinn auf die Andacht zweier Wachen gerichtet hast, wird nach Vollendung der ersten Wache ein Paar Himmelswagen in deine Nähe herabfliegen.‹ – Als Kāmasēnā nun unter der staunenden Aufmerksamkeit Aller, Männer und Frauen, das Wort aus dem bilva-Baum vernommen hatte, tanzte sie in tausendfachem Freudentaumel umher (?), gleichsam (schon) wandelnd auf dem Pfade, der aus einer Wunderbahn besteht. Darauf pries Kāmasēnā und ebenso Dēvasēnā, als sie das gnadenreiche Wort des höchsten Herrn vernommen hatte, wiederum den Lebensherrn der Pārvatī, indem ihr Herz über diese ganz außerordentliche Ehrung vor allen anderen Leuten überwallte; und da sie fest überzeugt war, dass das Wort des Herrn nicht trügerisch sein könnte, gab sie unter Vorantritt aller möglichen Vorbereitungen ihr ganzes Vermögen trefflichen Personen in die Hände, schor das Haupt, tat ein braunrotes Gewand an, jubelte ausgelassen unter dem mannigfaltigen Getöse von Gesang, Tanz u. s. w. und dem freudigen Erklingen von Trom-

87 24 Minuten.

meln, Instrumentalmusik u. s. w. mit Dēvasēnā zusammen, indem das Innere ihres Körpers von den hochgehenden Wogen großer Wonne erfüllt war; vollendete innerhalb der vier ghaṭī den Rest ihrer Pflichten, brachte dem höchsten Herrscher innige Verehrung dar, verneigte sich ungezählte Male unter Zuwendung der rechten Seite vor ihm, nahm liebevoll den Befehl des höchsten Herrschers auf ihr Haupt und stieg auf die Zinnengegend des Tempels; alle Welt aber ließ Essen, Schlaf u. s. w. sein und wartete gespannt. Auf die kahlgeschorenen Köpfe gossen die glühenden Strahlen des Heißstrahlers die mächtige Hitze feuriger Kohlen; zwei Wachen gingen vorüber, aber es kamen keine Wagen! Da sprach der auf dem bilva-Baume sitzende Vogel das Wort, er, der Papagei: ›So heißt es:

> Eine Bosheit vergelte man mit einer anderen Bosheit, eine Liebenswürdigkeit mit einer Liebenswürdigkeit: du hast mir die Federn ausgerupft, ich habe dir das Haupt geschoren!‹

Darum, Prabhāvatī, wenn (auch bei dir) eine solche Klugheit zu Tage tritt, dann möge jetzt die Herrin gehen!«

So lautet die siebzigste Erzählung.

Am anderen Tage kam der Fürst Vinayakandarpa in das Haus der Prabhāvatī gegangen; und als diese den Erdherrscher in ihr Haus hatte treten sehen, ehrte sie ihn mit einem langen Blicke voller Liebe und ließ einen Thron zurechtmachen, damit er darauf Platz nähme; und der König setzte sich auf den Thron. Nun begann eine Katze, welche den im Käfig sitzenden Papagei erblickt hatte und ihn töten wollte, wiederholt zu miauen. Da sprach der Papagei zu der miauenden Katze:

»Was miaust du, Katze? Das ist kein Feind und kein Räuber: das ist der Sohn des Erdherrschers Nanda, der leibliche Bruder fremder Frauen.«

Als Vinayakandarpa dies Wort des Papageis vernommen hatte, entfernte er sich schweigend.

So ist in dem Geschichtenbuch die Śukasaptati zu Ende.
Heil!

Weitere lieferbare Titel:

Mong Dsï

Die Lehrgespräche des Meisters Meng K'o

In der Übersetzung von Richard Wilhelm

Geb. mit Schutzumschlag
272 Seiten
Format: 12,5 x 20 cm

ISBN: 978-3-7374-0967-4

»Menschlichkeit ist Menschenart. Menschlichkeit ist der Weg des Menschen.« Mong Dsï

Radikaler, lebensnaher und praxisbezogener als Konfuzius führte Mong Dsï den Konfuzianismus in eine neue Zeit. Während sich die Despoten der chinesischen Kleinstaaten bekriegten, entwickelte er den Konfuzianismus politisch weiter und trat für eine humane Regierung ein. Bedeutend hierbei ist die Grundlage seiner Philosophie: Während Konfuzius nur feststellt, dass die Menschen sich auf natürliche Weise nahestehen, sieht Mong Dsï sie als gleich an und als von Natur aus gut. Erst die jeweiligen gesellschaftlichen, sozialen und privaten Umstände beeinflussen die an sich gute Natur des Menschen positiv oder negativ. Zentral sind für ihn vier jedem Menschen innewohnende Prinzipien: Mitleid, Scham, Ehrerbietung und die Fähigkeit, gut von böse zu unterscheiden. Bis heute hat Mong Dsïs Philosophie – trotz oder gerade aufgrund ihrer politischen Ausrichtung – nicht an Aktualität verloren und kann als Orientierungshilfe im gesellschaftlichen Makro-, aber auch im individuellen Mikrokosmos dienen.

Li Gi

Das Buch der Riten, Sitten und Gebräuche

In der Übersetzung von Richard Wilhelm

Geb. mit Schutzumschlag
352 Seiten
Format: 12,5 x 20 cm

ISBN: 978-3-86539-385-2

»Wohin du auch gehst, geh mit ganzem Herzen.« Konfuzius

Im Li Gi, dem umfangreichsten der fünf fernöstlichen, Konfuzius zugeschriebenen Klassiker, setzt der große Philosoph sich mit Normen der alltäglichen Riten und des Hofzeremoniells auseinander. Gleichzeitig geht er wie in den anderen der fünf Klassiker auch auf ehrenvolles Verhalten des Einzelnen im Alltag ein. Anhand der Erörterung pädagogischer Fragen, ethischer, religiöser und naturphilosophischer Probleme sowie historischer und biographischer Einzelheiten entsteht so eine Lebensnähe, die auf eindrückliche Weise komplex-theoretische Assoziationen mit der Wirklichkeit verbindet.